Lüdke/Becker

Wenn die Seele brennt

Mit eigener Kraft aus der Krise

meiner Frau Kerstin

und meinen Töchtern Liliana (Lilli)

und Zoe (Krümelchen) gewidmet

und meiner Familie Krystyna, Manfred, Peter, Lola
und Otto in unseren Herzen.

„Wo jetzt lang, Lola"?

*Vasudeva antwortete: „(...) lausche dem Fluss mit stillem Herzen und mit geöffneter
Seele, von ihm kannst Du alles lernen (...) Du kannst auch von ihm lernen, dass es
keine Zeit gibt: der Fluss ist überall zugleich, am Ursprung und an der Mündung,
am Wasserfall, an der Fähre, an der Stromschnelle, im Meer, im Gebirge, überall
zugleich und es gibt nur die Gegenwart; wer mit dem Strom des Lebens einverstanden
ist, hört auf mit dem Schicksal zu kämpfen, hört auf zu leiden (...)".
„Und nun ist es genug", sagte Vasudeva, „lass mich gehen und lebe wohl, ich gehe in
die Einheit (...)".*

Hermann Hesse, Siddharta.

Es waren zwei Sommertage, als kein Sommer war.

Wenn die Seele brennt

Mit eigener Kraft aus der Krise

Christian Lüdke (Text)
Andreas Becker (Illustration)

Mit einem Vorwort
von Marc Bator

Bibliografische Information der Deutschen Bibliothek
Die Deutsche Bibliothek verzeichnet diese Publikation in der Deutschen
Nationalbiografie; detaillierte bibliografische Daten sind im Internet über
<http.//dnb.d-nb.de> abrufbar.

In diesem Buch ist aus rein pragmatischen Gründen der Lesbarkeit stets die männliche
Sprachform gewählt worden, wofür ich alle Leserinnen um Entschuldigung und Verständnis bitte. Um deutlich zu machen, dass eine befriedigende Lösung des Sprach-
problems nicht möglich ist, hier ein Beispiel: »Wenn man/frau mit seiner/ihrer Partner/
in zusammen in den Urlaub fahren will, so wird er/sie mit ihr/ihm an ihren/seinen oder
sie/er mit ihm/ihr an seinen/ihren Lieblingsort fahren«. Ich ziehe die einfache Sprache
der zwar korrekten, aber unübersichtlicheren vor.

Sprache muss bequem sein, wie ein Paar ausgelatschte Schuhe.

ISBN 978-3-86216-080-8

© 2011 medhochzwei Verlag GmbH Heidelberg.

www.medhochzwei-verlag.de

www.wenn-die-seele-brennt.de
www.meinekraft.de
Text: Christian Lüdke
Layout und Grafik: Andreas Becker
Druck: Beltz Druckpartner, Hemsbach

Printed in Germany

Glückauf liebe Leser!

Als Kind des Ruhrgebiets ist mir der Gruß „Glückauf" sehr vertraut. Dieser alte Berg-
mannsgruß enthält zwei Wünsche: zum einen, dass sich die Erzgänge vor einem auftun
und nicht schließen und dass die anstrengende und mühsame Arbeit am Ende zu Erfolg
und Lohn führt. Zum anderen ist Glückauf mit der Hoffnung verbunden, dass man
wieder heile aus dem Berg und dem Schwarzen herauf kommt. Manchmal fühlt sich
unser Leben auch so an, als seien wir unter Tage. Alles ist dunkel und schwarz um uns
herum, kein Tageslicht, keine Sonne, nichts. Wir fühlen uns eingeengt und so, als seien
wir nicht nur unter Tage, sondern auch unter dem Leben, das gerade oben ohne uns
stattfindet. Manchmal schleppen wir im Leben Dinge mit uns herum, die uns belasten,
negative Gefühle, schmerzhafte Erlebnisse, traurige Verluste, leidvolle Erinnerungen
an Menschen oder Situationen. Wir alle haben den Wunsch, ohne diesen ganzen Ballast
durchs Leben zu gehen und glücklich und zufrieden zu lieben und zu arbeiten. Aber
manchmal läuft das Leben nicht so, wie wir es uns wünschen. Kränkungen, Demütigungen und Verletzungen in Partnerschaft, Familie oder Schule und Beruf sind uns
allen nicht fremd. Die Trennung vom Freund oder der Freundin, der Verlust eines geliebten Menschen, die Kündigung, der Streit oder der Einbruch, Unfall oder Überfall.
Immer wenn unser Leben eine andere Richtung einschlägt, als wir geplant oder gehofft
hatten, können wir starkem emotionalem Stress ausgesetzt sein und akute Nervenkrisen
erleben. Plötzlich wird es schwarz um uns herum, so wie dem Bergmann, der in die
Grube einfährt. Wir fühlen uns verunsichert, hilflos und verletzt. Das ist normal. Wir
finden uns in einer Situation wieder, die auf uns bedrohlich wirkt. Es wird eng. Wir
geraten unter Druck. Nach einem ersten Schock können wir uns mit etwas Glück dann

berappeln und mit Erfolg und persönlicher Reifung gestärkt wieder am Leben teilnehmen. Egal wie sehr wir manchmal vom Schicksal mitgenommen und geärgert werden, oder das Leben uns in eine dunkle Höhle drückt: jeder Mensch ist von Natur aus in der Lage, schwierige Zeiten zu überstehen.

„Auch aus Steinen, die einem in den Weg gelegt werden, kann man Schönes bauen", sagte Johann Wolfgang von Goethe. Die Ereignisse an sich sind oft nicht das Schlimme, sondern was wir daraus machen und wie wir darüber denken. Alles hat zwei Seiten, so auch die immer wiederkehrenden Nervenkrisen. Machen Sie aus Problemen Lösungen. Vertrauen Sie Ihren eigenen Kräften. Glauben Sie an sich. Es gibt eine Kraft, die stärker ist als alle Nervenkrisen und Schockerlebnisse zusammen: das ist die Hoffnung und der Glaube an das eigene Leben und die eigene Fähigkeit, mit jedem auch noch so schweren und einschneidenden Lebensereignis alleine zurechtzukommen. Wenn wir dann noch das Glück haben, einen Freund oder eine Freundin zu haben, vielleicht eine Familie, Kinder und eine Arbeit, dann ist das alles, was das Leben zu bieten hat.
Sie können sicher sein: egal was es ist, Sie werden es schaffen und stärker werden.

Diamanten findet man ja schließlich auch nur immer im Dunklen, tief unter der Erde. Sie sind das härteste bekannte Mineral. Diamant kommt aus dem griechischen und heißt *„Unbezwingbarer"*. Diamanten bilden sich im Erdmantel unter hohem Druck und Temperaturen, typischerweise in einer Tiefe von etwa 150 Kilometern und bei Temperaturen von 1200 bis 1400° C. Wenn Ihr Leben also ab und zu unter hohen Druck gerät und es auch mal richtig heiß wird, denken Sie daran: es kann etwas sehr Wertvolles daraus entstehen. Im Grunde ist ein Diamant auch nur ein Stück Kohle, das die nötige Ausdauer hatte. Und wenn das Leben uns schleift, bekommen wir erst unseren richtigen Glanz.

Glückauf!

Lünen, im Sommer 2011
Christian Lüdke und Andreas Becker

Inhalt

Vorwort

 Ich heiße Marc Bator. Vielleicht kennen Sie mich von meiner Arbeit als Nachrichtensprecher für die Tagesschau in der ARD. Immer wieder werde ich gefragt, wie ich es denn schaffe, gefasst zu bleiben angesichts der vielen furchtbaren Meldungen, die ich im Laufe einer Sendung verlesen muss. Und ob ich den Schrecken mancher Ereignisse auch mit nach Hause nehme?

Ganz ehrlich: ich kann ganz gut damit umgehen und habe im Lauf der Jahre auch eine gewisse Distanz zu den hin und wieder wirklich belastenden Ereignissen in unserer Sendung entwickeln können. Und dennoch gibt es Meldungen, die mir unter die Haut gehen, über die ich später mit meiner Familie spreche, um sie verarbeiten und für mich abhaken zu können. Was nicht heißt, dass man die Ereignisse in den Nachrichten vergessen sollte. Information bildet schließlich. Hört man zumindest immer wieder …

Oft denke ich auch an die vielen Geschichten hinter einer Nachrichtenmeldung, die nicht den Weg in die Sendung finden. Was fühlen Menschen in den Ländern, in denen Kriege oder Naturkatastrophen das Leben bestimmen, wie gehen sie mit den Dramen ihres Alltags um?

Aber auch Meldungen, zum Beispiel über Stellenstreichungen in unserem Land – wenn wieder ein Unternehmen in die Pleite rutscht, Fabriken geschlossen werden –, ist das für die betroffenen Angestellten ein extrem belastendes Ereignis, das zu Veränderungen führt und zuweilen tiefe Spuren in der Seele hinterlässt.

Und wenn wir auf uns selbst schauen?! Jeder wird im Laufe seines Lebens vor Situationen gestellt, in denen Antworten fehlen, in denen das Leben ungeheuer schwer fällt, weil der Schmerz groß ist. Krankheit, Trennung, Trauer oder sogar Gewalt …

Eine Urlaubsbekanntschaft verabschiedete sich vor einigen Jahren mit den Worten von mir: werde ein glücklicher Mensch! So banal wie das in den ersten Sekunden klang, so groß war für mich wenige Minuten später – nachdem ich darüber nachgedacht hatte – der Sinn dahinter: an seinem persönlichen Glück kann und muss man arbeiten! Was auch immer wir in unserem Leben Schreckliches oder Dramatisches erleben und erlebt haben, es gibt einen Weg zurück ans Licht!

Wie wir mit belastenden Ereignissen fertig werden, eine Haltung finden, mit der man leben und schließlich das Glück spüren kann, davon handelt dieses wunderbare Buch. Viel Spaß beim Lesen und ganz viele gute Nachrichten in Ihrem Leben, das wünsche ich Ihnen!

Ihr Marc Bator

Geleitwort

Am frühen Morgen des 20.12.1999 betrat ein Mann die Niederlassung meines Unternehmens in Aachen. Er gab vor, Geschäftsmann zu sein und kurzfristig einen Werttransport vom Flughafen Antwerpen nach Köln durchführen lassen zu wollen. Um 08:15 Uhr klingelte er in den Verwaltungsräumen und wurde eingelassen. Zu diesem Zeitpunkt trug er weder eine Maskierung, noch erweckte er den Eindruck, etwas Böses im Schilde zu führen. Eine Mitarbeiterin befand sich allein in der Niederlassung und kurz darauf betraten ein Fahrer und eine Kundenberaterin die Niederlassung. Plötzlich sprang der angebliche Kunde auf und stürzte sich auf die Sekretärin, fesselte diese an den Stuhl, wobei er den Fahrer mit einer Waffe bedrohte und die Fessel mit einer Handgranate verband. Zusätzlich zu seiner Schusswaffe verfügte der Täter über eine weitere Handgranate, die er ebenfalls in seiner Hand hielt und die Menschen damit bedrohte. Dann fuhr der Täter mit seinen Geiseln in einem Geld- und Werttransporter aus der Tiefgarage zur Landeszentralbank (LZB). Es begann eine der längsten Geiselnahmen in Deutschland. Der Geiselnehmer hatte eine der Geiseln an einem Pfeiler positioniert, über seinem Kopf eine Handgranate angebracht und die anderen Geiseln mit Handgranaten um den Körper versehen. Später wird er eine Geisel anschießen und lebensgefährlich verletzen. Nach rund 50 Stunden verließ der Täter mit einer Geisel die LZB. Bei dem folgenden Zugriff eines Spezialeinsatzkommandos wird der Täter durch einen finalen Rettungsschuss getötet und die Geiseln befreit. Lange Zeit waren die Geiseln traumatisiert und mussten psychologisch betreut werden. Diese Ereignisse haben uns als Familienunternehmen den Anlass gegeben, Psychologie als einen festen Bestandteil in unsere Ausbildungsprogramme zu integrieren. Die Bindung innerhalb der Familie und des Unternehmens, Wertschätzung und Respekt im gegenseitigen Umgang, sind wichtige Voraussetzungen für Sicherheit, Stabilität und Gesundheit. „In einer friedlichen Familie kommt das Glück von selber", sagt ein altes chinesisches Sprichwort und bringt auf den Punkt, wofür Familie steht: Glück, Zufriedenheit, Zusammenhalt. Die Familie ist der Stabilitätsanker, durch den wir nicht nur in erfolgreichen Tagen Anerkennung und Unterstützung finden. Sie bildet vor allem den Rückzugsort, der uns gerade in schwierigen Zeiten Halt bietet und an dem wir neue Kraft für die vor uns liegenden Herausforderungen sammeln können. Die Familie bildet damit heute und auch in der Zukunft die Basis unserer Gesellschaft. Wie sehr die Familie unsere Gesellschaft prägt, zeigt sich auch im Wirtschaftssektor. Etwa 95 Prozent der in Deutschland ansässigen Betriebe und Unternehmen werden als Familienunternehmen geführt und gelten in wirtschaftlich stürmischen Zeiten oft als letzter Stabilitätsanker. Sie beschäftigen mehr als die Hälfte aller Arbeitnehmerinnen und Arbeitnehmer. Darüber hinaus sind die Familienunternehmen in vielfältiger Weise sozial und gesellschaftlich engagiert. Familie steht seit je her für Sicherheit, Beständigkeit und Verlässlichkeit und bildet damit einen zentralen Faktor für die Zufriedenheit und Gesundheit jedes Einzelnen.

Das vorliegende Buch ist ein beeindruckendes Bekenntnis zum Glauben an die eigene Kraft! Die Lektüre kann Sie nicht nur stark, sondern auch persönlich und beruflich erfolgreicher machen.

Ihr Friedrich P. Kötter
Geschäftsführender Gesellschafter der KÖTTER Unternehmensgruppe

Machen Sie aus Ihrem gefühlten seelischen Polarmeer mit antarktischen Problemgletschern ein badewannenwarmes karibisches Meer mit Traumstränden und Sonne ohne Ende. Dann werden sich Ihre Lebensfreudeakkus ruckzuck wieder aufladen.

Wenn Ihr Leben diesem seelischen Polarmeer mit 0 Grad gleicht, in dem viele Eisblöcke herumschwimmen, die Ihr Leben einfrieren, dann lassen Sie diese Eisblöcke nicht von den „Eisberg-Experten" zerschlagen.

Es geht viel einfacher:
„Stellen Sie sich kinderleicht vor, Sie würden Ihr seelisches Polarmeer nur um ein Grad erwärmen, dann schmelzen alle Problemeisberge mit der Zeit von ganz alleine und Sie tauen auf und tauchen wieder ein, in ein warmes und glückliches Leben".

Der Glaube kann Berge versetzen. Und Eisberge schmelzen!

Philosophie des Buches

Zuerst ein wichtiger Hinweis: **Wenn Sie in diesem Buch einen Druckfehler finden, dann dürfen Sie ihn behalten.** Das Buch in Ihren Händen ist kein Ratgeber: es soll einen Ausweg bieten! Es soll Ihnen helfen, von Tag zu Tag stärker und innerlich fester zu werden, so dass Sie sich mehr und mehr Ihren Stärken und Zielen zuwenden können. Sie werden positive Erfahrungen machen, wenn Sie das Gelesene umsetzen. Eine Mischung aus der Erkenntnis des Buches und den neuen Erfahrungen wird Sie zukünftig unterstützen. Vielleicht gelingt es uns mit unseren Tipps, dass sie sich immer öfter neue Dinge trauen. Und die nächste Krise kommt zwar bestimmt, aber Sie werden sie mit eigener Kraft bewältigen. Dabei können Humor und manchmal auch der Glaube eine wichtige Rolle spielen. Daher finden Sie in diesem Buch immer wieder humorvolle Sinnsprüche oder Lebensweisheiten, teilweise auch religiösen Ursprungs. Sie sollen Sie mit einem Augenzwinkern daran erinnern, dass der Humor und manchmal auch der persönliche Glaube eine starke Kraftquelle sein kann, aus der Sie wichtige Hinweise für Ihre persönliche Krisenbewältigung gewinnen können.

Gesundheit und Glück sind das Wichtigste im Leben, um die Zeit zu genießen, die uns geschenkt ist. Gesundheit ist zwar nicht Alles, aber Alles ist nichts ohne die Gesundheit. Und Glück brauchen wir auch. Die Passagiere auf der Titanic waren gesund. Aber die meisten hatten kein Glück. Nicht alles liegt in unserer Hand, aber wir sind auch nicht immer unserem Schicksal bedingungslos ausgeliefert. Es gibt Vieles, was wir tun können, um unser Leben zu bestimmen.

> **Der Mensch ist nur ein Netz von Beziehungen, und nur auf sie kommt es an.**
>
> Antoine de Saint-Exupéry

Oft sind es gar nicht mal die Ereignisse, die wir als so schlimm erleben, sondern vielmehr die Art und Weise, wie wir darüber denken und fühlen und wie andere Menschen darauf reagieren. Vor Jahren beobachtete ich einmal eine Mutter, die mit ihrem Kind durch die Fußgängerzone vor mir herging. Plötzlich stolperte das Kind, fiel hin, schlug sich beide Knie auf und weinte vor Schmerzen, die Hosenbeine waren kaputt. Die Mutter sieht das, aber anstatt das Kind zu trösten, ohrfeigt sie es mit den Worten *„Ich habe dir doch gesagt, du sollst aufpassen, wo du hintrittst"*! Besser kann man nicht beschreiben, wie aus einem Drama ein Trauma wird. Das Kind war durch die Schmerzen doch schon gestraft genug. Wirklich schlimm wurde das Erlebnis für das Kind aber erst durch die Reaktion und das Verhalten der Mutter. Und so erleben wir in unserem Leben immer wieder mehr oder weniger emotional belastende Situationen, die für sich genommen schon schlimm genug sind, die wir jedoch aus eigener Kraft überstehen und verarbeiten. Wirklich schlimm werden die Erlebnisse aber durch unmittelbare Reaktionen der Menschen, die uns umgeben.

Wir alle haben früh gelernt, auf 1000-fache Elternbotschaften zu reagieren: *„Sitz nicht so da"*, *„Trödel' nicht rum"*, *„Sei nicht so laut"*, *„Was sollen die Nachbarn denken?"* *„Iss deinen Teller auf"*, *„Zieh' dir die Schuhe aus"*, *„Mach dich nicht schmutzig"* usw. Oft tragen wir mehr dieser negativen Leitsätze in uns, als positive Glaubenssätze wie *„Ich bin gut"*, *„Ich kann das"*, *„Ich bin liebenswert"*, *„Ich schaffe das"* usw. Bei allen schmerzvollen Erfahrungen und Erlebnissen, gab es in unserem Leben aber hoffentlich auch wenigstens einen Menschen, der an uns geglaubt hat, der zu uns gehalten hat, egal was passiert ist. Und wenn selbst nicht ein einziger Mensch da war, reichten wir doch alleine aus, wenn wir den Glauben an uns selbst nicht verloren hatten. Ich frage meine Patienten oft *„Was ist das Gute im Schlechten?"* und bin erstaunt über die Antworten. Selbst Menschen, die schmerzhafteste Erlebnisse durchgestanden haben, finden darin oft noch etwas sehr Positives, das ihren Lebensmut aufrecht gehalten hat, was ihnen Kraft gegeben hat und was sie am Ende sogar persönlich hat reifen und stärker werden lassen. Manchmal nimmt das Leben eine andere Richtung, als wir es wollen. Manchmal wird unser ganzes Leben auf den Kopf gestellt (gr. katastréphein = umkehren, umwenden); katastrophal ist entsetzlich, ist verhängnisvoll und schlimm, wenn unten plötzlich oben ist und umgekehrt; wir stürzen in ein völliges Chaos, körperlich, emotional und sozial. Nichts ist mehr so, wie es vorher war. Und dennoch können wir auch schlimmste und leidvollste Erlebnisse ganz alleine und aus eigener Kraft überstehen. Selbstheilung oder Selbstrettung nennen Therapeuten und Mediziner das. Dazu müssen aber bestimmte Voraussetzungen gegeben sein: zum Einen eine innere Überzeugung, dass alles gut wird, und die Fähigkeit, im richtigen Augenblick loszulassen. Was das bedeutet, lesen Sie in diesem Buch. Den wichtigsten Tipp möchte ich Ihnen aber jetzt schon geben: Vertrauen Sie Ihrer eigenen Kraft mehr, als Ihrem Glück! Dann haben Sie beste Aussichten, sich auch nach einem belastenden Ereignis wieder vollständig zu erholen und sich gesund und munter wie ein Fisch im Wasser zu fühlen und nicht wie jemand, dem das Wasser permanent bis zum Hals steht. Das Schicksal der Titanic war ein Eisberg. Und so fühlen sich viele Menschen, die einschneidende Ereignisse erlebt haben. Manche fühlen sich fast wie taub, *„laufen auf Grund"*, ihr Leben gleicht einem gefühlten seelischen Polarmeer mit 0 Grad. Probleme

14

15

und Schwierigkeiten tauchen als riesige Eisberge auf, die in dem seelischen Polarmeer herumschwimmen. So fühlt sich das Leben eiskalt an, freudlos und voller Eisberge. Manche suchen den Weg zu einem Therapeuten. Manche haben Glück und finden einen guten Therapeuten, der noch die alte Hebammenkunst der Psychotherapie beherrscht, der die Kraftquellen des Patienten und seine Ressourcen sucht und zutage fördert.

Viele landen bei selbsternannten Experten, die aber oft den Gipfel ihrer Inkompetenz noch nicht erreicht haben oder sie landen bei Universaldilletanten, die versuchen, die Eisberge der Patienten jahrelang zu analysieren und deren molekulare Zusammensetzung herauszufinden, oder schlimmer noch, manche versuchen allein oder mit Hilfe eines Therapeuten, die Eisberge zu zertrümmern. Die Folge ist, dass es immer mehr Eisberge in dem Lebens-Eismeer werden, fiese kleine, kalte, spitze, scharfe, die aber nicht zu einer wesentlichen Verbesserung führen.

> *Heilung, Besserung und Verarbeitung tritt aber nur dann auf, wenn man nicht mehr versucht, die Eisberge zu zerschlagen, sondern dann, wenn man es schafft, das eigene „Lebensmeer" um nur ein Grad aufzuheizen. Dann schmelzen die Eisberge mit der Zeit von ganz alleine.*

Gute Therapeuten schaffen es, dass Patienten selbst ihr Lebens-Eismeer um ein Grad er-wärmen können: dann schmelzen alle Eisberge und Trümmer mit der Zeit von selbst und auf Dauer. Übrigens reicht es aus, wenn ein Patient sich vorstellt, dass das Meer nur ein Grad wärmer wird. Klingt einfach und ist auch einfach. Manchmal reicht schon der Ent-schluss, ab sofort glücklich zu sein und sich des Lebens zu erfreuen. Manchmal brauchen wir einen Schuss vor den Bug oder einen Schicksalsschlag, um aufzuwachen und mit dem Leben zu beginnen. Die Lösung liegt im Inneren des Menschen/Patienten.

> *Es reicht aus, sich vorzustellen, dass das persönliche „Lebensmeer"*
> *ein Grad wärmer wird!*

Die Kraft der Gedanken und der Fantasie sind wichtiger als Wissen, denn Wissen, so sagte Einstein, ist begrenzt. Wissen ist übrigens auch wichtiger als Intelligenz. Und daraus folgt, dass Fantasie auch wichtiger als Intelligenz ist. Ich hatte zwar im-mer eine Fünf in Mathe, aber diese Gleichung müsste stimmen. Woody Allen sagte: *„Alle Menschen sind sterblich. Sokrates war sterblich. Also sind alle Menschen Sok-rates."* Zu leidvollen Erfahrungen lieferte er eine sehr positive und ressourcenorien-tierte Lösung, indem er sagte: *„Als ich entführt wurde, wurden meine Eltern aktiv, sie vermieteten mein Zimmer".* Man muss also immer das Beste aus einer Situation machen. Denn ändern können wir sie oft nicht. Was wir aber ändern können, sind un-sere Einstellungen, Blickrichtungen und Gedanken. Wenn ein Patient eine Vorstellung davon bekommt, wie es sein könnte, wenn es ihm wieder besser geht, ist das schon die halbe Miete, oder besser die halbe Therapie und Heilung. Wir denken in Bildern und ein Großteil unseres Denkens, Fühlens und Handelns wird durch Bilder bestimmt. *„Das Wasser kann ohne Fische auskommen, aber kein Fisch ohne Wasser",* sagt ein chinesisches Sprichwort. Also lieber an ein Grad Erwärmung denken, als jeden Tag die vielen großen und kleinen Eisberg-Probleme zerschlagen und so viel Lebenszeit und Lebensenergie zu verbrauchen. Sich gesund und munter fühlen wie ein Fisch im Wasser, ist schöner im warmen als in eiskaltem Wasser. Der Fisch ist ein Symbol für das Leben, denn er bewohnt die Wasserfluten, aus denen das Leben auf die Erde kam. Er ist in den Mythologien der Welt in der Regel ein positiv besetztes Symboltier. Sich wie ein Fisch im Wasser zu fühlen bedeutet, dass man umgeben ist von lebensspendenden und lebenserhaltenden Kräften und Strömungen. Das Wasser als heilendes Medium der Muttergöttin verstärkt noch das positive Bild dieser Tierart. Fische sind ein weit ver-breitetes Bildmotiv der frühchristlichen Kunst. Bereits im Ur-Christentum kam ihnen eine herausragende Rolle zu. Fische stehen für Lebendigkeit, ewiges Leben, Heil und Gesundheit.

Der Fisch wurde lange Zeit als geheimes, christliches Erkennungszeichen verwendet. Das griechische Wort für Fisch ἰχθύς (ichthýs) enthält ein kurzgefasstes Glaubensbe-kenntnis: *„Jesus", „Christus", „Gottes", „Sohn", „Retter"/„Erlöser".* Fisch ist auch ein Symbol für Liebe. So klingt in der japanischen Sprache das Wort für Liebe so wie das Wort für Karpfen. In der nordischen Mythologie ist der Fisch ein Attribut der Frigga (als Göttin der Liebe) und im Chinesischen symbolisiert ein Fischpaar die Freuden der Vereinigung, Fruchtbarkeit und Ehe. Das aber nur am Rande bemerkt.

„Ich dachte, ich wäre im falschen Film!"
„Mir passiert das schon nicht".
So denken viele Menschen.
Anders denken diejenigen, die schon mal einen Schicksalsschlag
erlebt haben. Oft ist danach nichts mehr so, wie es vorher
einmal war. Beispielhaft geben Betroffene kurze Einblicke in
ihre emotionalen Schockerlebnisse. Am Ende haben sie es alle
geschafft, das Trauma zu verarbeiten, persönlich zu reifen und
wieder glücklich zu leben.

„Verlassen sind wir doch wie verirrte Kinder im Walde.
Wenn Du vor mir stehst und mich ansiehst, was weißt Du von
den Schmerzen, die in mir sind und was weiß ich von den Deinen.
Und wenn ich mich vor Dir niederwerfen würde und weinen und
erzählen, was wüßtest Du von mir mehr als von der Hölle, wenn
Dir jemand erzählt, sie ist heiß und fürchterlich. Schon darum
sollten wir Menschen vor einander so ehrfürchtig, so nachdenk-
lich, so liebend stehn wie vor dem Eingang zur Hölle ..."

Franz Kafka
aus einem Brief an seinen Freund Oskar Pollak, 08.11.1903

Ein Blick in die Praxis

An dieser Stelle möchte ich einigen meiner Patientinnen und Patienten das Wort geben, die ich in den vergangenen Jahren beraten, betreut und behandelt habe. Menschen, die mir ihr Vertrauen geschenkt und mich um Hilfe gebeten haben und die ich in schwierigen Zeiten des Lebens ein Stück weit begleiten durfte. Würde ich allein über meine Patienten ein Buch schreiben, dann wüsste ich vermutlich schon heute den Titel: *„Meine Patienten haben mich geheilt"*. Die Erfahrungen erfolgreicher Therapien bilden die Grundlage für die Philosophie des Buches und die Überzeugung, dass jeder Mensch von Natur aus in der Lage ist, auch schwere Krisen im Leben alleine zu überwinden.

In meiner therapeutischen Arbeit sind mir viele Menschen begegnet, Frauen, Männer, Kinder, Ehepaare und Familien. Für einige Diagnosen reicht es schon:
Ehepaare, die sich trennen; Eltern, die ihre Kinder durch einen Unfall, eine schwere Krankheit oder eine Gewalttat verlieren; Polizeibeamte, die Täter erschießen mussten, um bedrohtes Menschenleben zu retten; Patienten mit schweren Krebserkrankungen oder HIV, Ängste, Depressionen, Zwangsstörungen, Psychosen und Schizophrenien; Opfer aus Terroranschlägen in New York, Bali und Djerba, Tsunamikatastrophen in Thailand und Japan, Erdbeben auf Haiti, Flugzeugkatastrophen und Zugunglücken; Opfer aus Amokläufen wie Erfurt und Freising, Geiselnahmen, Entführungen und Bank-überfällen/Raubüberfällen der unterschiedlichsten Arten; Kinder und Jugendliche, die sich in der Geiselhaft von Vergewaltigern befanden; Pfarrer und Ärzte mit Alkoholproblemen; Schülerinnen und Schüler, die Opfer von Mobbing und Cybermobbing wurden; Opfer aus Vergewaltigung, Wohnungseinbrüchen, Autounfällen und brennenden Kreuzfahrtschiffen, Paare mit unerfülltem Kinderwunsch; Patienten mit Existenzängsten und Schlafstörungen; Überlebende aus der Loveparade-Katastrophe, medizinisches Fachpersonal, die unheilbare Diagnosen überbringen mussten; oder Frauen und Männer mit sehr heiklen Dreiecksgeschichten.

Das Schicksal dieser Menschen hat mich teilweise sehr berührt, denn als Therapeut begegne ich den Menschen in erster Linie als Mitmensch, Mitfühlender und Hoffnungsgeber. Ich führe die Patienten zu Schlüsselstellen und auch Schlüssellöchern, lasse sie neugierig werden, in kleinen und langsamen Schritten. Auf keinen Fall sollte man als Therapeut als *Herr Doktor* oder *Autorität* auftreten, weil das nur Abhängigkeiten schafft. Als Therapeut bin ich in einer Haltung der *parteilichen Abstinenz*. Ohne Sympathie gibt es keine Heilung. Ich empfinde eine innere Sympathie für meine Patienten, kann mich in ihre Lebens- und Gefühlswelten versenken und von dort aus ihre Kraftquellen freischaufeln, damit sie aus eigener Kraft wieder glücklich am Leben teilnehmen können. Mir sind Menschen begegnet, die unvorstellbares Leid erfahren und Martyrien durchlitten haben, die Schicksalsschläge hinnehmen mussten, Opfer von Unfällen oder Gewalttaten wurden oder aufgrund gestörter Beziehungen über einen langen Zeitraum psychische Störungen, Depressionen und Lebensängste entwickelt haben. Manche Patienten waren einfach nur unglücklich oder einsam, hatten keine Freunde, wurden als Person nicht wahrgenommen oder litten unter Körperbildstörungen. Die meisten meiner Patienten waren alle gesund, als sie zu mir kamen, denn sonst hätte ich sie nicht behandeln können. Allen gemeinsam ist, dass sie oft völlig normal auf verrückte Ereignisse reagiert haben und glaubten, sie wären krank, weil sie belastende Symptome und Körpersensationen entwickelt haben oder sie glaubten, etwas würde nicht mit ihnen stimmen.

Hilfreich ist es, wenn man als Therapeut regelmäßig selbst eine fachliche und menschliche Kontrolle von außen hat, durch Kolleginnen und Kollegen, durch die Familie und Freunde. Hat man das nicht, wird man auch als Therapeut irgendwann eigenartig und glaubt, alles und jeden behandeln zu können. Es gibt zahlreiche solcher *Experten*. Dann sind Verstrickungen und Beziehungsfallen vorprogrammiert und auch dem Missbrauch werden die Türen geöffnet. Die Patienten scheitern, weil die Therapeuten resignieren und keinen Behandlungsplan haben. Wenn ich einem Patienten nicht in 10 Stunden helfen kann, kann ich ihm auch nicht in 100 Stunden helfen. Provokation und Frustration sind zwei scharfe Instrumente in der Hand eines Therapeuten, um zum Therapieerfolg zu gelangen. So wie ein scharfes Skalpell einem Chirurgen die Arbeit erleichtert, ist Psychotherapie ein Handwerk, das man lernen kann. Psychotherapie ist nichts Mysteriöses und leidet auch heute noch immer unter vielen Vorurteilen (*„Die Psychotherapeuten haben doch alle selbst einen an der Bimmel“*), weil viele Therapeuten nichts dazu beitragen, das Bild der Psychotherapie in der Öffentlichkeit zu entmystifizieren, sich auch nicht in die Karten schauen lassen. Zahlreiche Therapeuten wissen nicht einmal, woran sie erkennen, dass ihre Therapie erfolgreich verläuft und noch weniger wissen, wann die Therapie beendet ist. Eine Therapie ist dann erfolgreich, wenn eine genaue Diagnose gestellt wurde und die folgenden Behandlungen und Interventionen dazu führen, dass die belastenden Symptome des Patienten abklingen oder besser noch ganz verschwinden. Noch deutlicher und banaler wird der Therapieerfolg und sein Ende aber durch die *Selbstaussage* des Patienten formuliert: *„Es geht mir wieder besser“*! Wenn ich als Therapeut diesen Satz höre und spätestens dann, sollte mir klar werden, dass ich mich jetzt als Therapeut schleunigst entbehrlich machen sollte und der Patient von nun an seinen Weg alleine weiter gehen kann.

Es gibt aber auch Patienten, die leider nicht zu behandeln sind, bei denen die Gesundheit nicht wieder hergestellt werden kann, oft auch ein bestmöglicher Gesundheitszustand kaum zu erreichen ist, weil die Verletzungen in der Persönlichkeit viel zu schwer, viel zu früh und viel zu lange angedauert haben, wie bei Folter, schwerstem frühkindlichen Missbrauch und Vergewaltigung von mehreren Tätern über mehrere Jahre. Das Schicksal dieser Patienten besteht oft darin, dass sie von einem zum anderen geschickt und überwiesen werden. Sie werden manchmal zu lebenslangen Drehtürpatienten, die immer wieder kommen, ohne dass es ihnen besser geht. Viele von ihnen laufen dem Leben hinterher, sie haben natürlich einen Anspruch, daran teilzunehmen, und wie jeder andere Mensch auch glücklich zu sein, aber die Verletzungen und Beschädigungen ihrer Person sind zu tief, dass die Kräfte nicht ausreichen um gesund zu werden. Doch vielen Menschen gelingt es auch, durch das Schicksal zu reifen und stärker zu werden. Von diesen Menschen können wir viel lernen, unter anderem, niemals den Glauben an die eigene Kraft zu verlieren. Nachfolgend möchte ich Ihnen Einblicke in Erlebniswelten von Patienten geben, die mir in meiner bisherigen Arbeit begegnet sind. Diese Einblicke sind zum Teil kurze Aussagen der Patienten, teilweise sind es auch nur umrisshafte Schilderungen ihrer Erlebnisse, die sie zu mir geführt haben:

Einige der Ereignisse, zu denen ich gerufen wurde und bei denen ich helfen durfte, sind mir besonders in Erinnerung geblieben. Dazu zählt auch der Terroranschlag in New York. *„Es ist, als ob die Stadt zwei Zähne verloren hat und nie wieder richtig lachen kann“*, Eddie, 9 Jahre, New York, 11. September 2001.

20
21

Ein Überlebender: *„Es ist viel schlimmer, als man es sich vorstellen kann! Ich war in Vietnam, war bei den Marines und war beim FBI. Glauben Sie mir, aber ich habe niemals in meinem Leben etwas Schlimmeres gesehen. Es ist schockierend! Beim Anblick von Ground Zero versteinern alle Gesichter!"*

„Ich habe die Menschen aus den Fenstern springen sehen! Wir alle kennen jemanden, der im World Trade Center gearbeitet hat, und jeder von uns kennt irgend jemanden in dieser Welt. Daher ist die ganze Welt betroffen!"

*„Nicht 3500 Menschen starben,
sondern 3500 mal ein Mensch!"*

„In meinem Leben und bei meiner Arbeit hatte ich immer die Kontrolle, und das war definitiv die erste Situation, in der mir sofort klar war, dass ich keine Kontrolle mehr habe. Mein einziger Gedanke war, dass ich Angst hatte, meine Kinder nie wieder zu sehen. Ich lag auf dem Boden und habe mir die Jacke über meinen Kopf gezogen. Ich lag auf dem Boden, bis jemand kam und mir sagte, ich solle aufstehen, ich sei O.K. Aber woher weiß man, dass man O.K. ist, nur weil man aufstehen kann?"

„Ich habe in diesen 10 Minuten der Flucht und Todesangst mehr über mich und mein gesamtes Leben gelernt, als in all den Jahren zuvor. Alle meine Werte und Prioritäten haben sich plötzlich verändert. Ich habe nur an meine Familie gedacht, meine Frau und meine Kinder. Dabei habe ich ein tiefes Gefühl der Dankbarkeit empfunden. Zuletzt habe ich dann noch gedacht, dass die Wall Street ein guter Ort ist, um Karriere zu machen; aber es ist kein schöner Ort, um dort zu sterben."

„Am 9. Oktober 2006 wurde mein 150 Jahre altes mit 600 qm Wohnfläche großes Fachwerkhaus nach einem Einbruch angesteckt. Das Gebäude wurde bis zur Unbewohnbarkeit zerstört. Meine – bis zu dem Tag betriebene – Gastronomie konnte ich ab dem Tag nicht mehr betreiben. Dadurch habe ich jetzt keine Bleibe mehr und muss – in meinen Augen – unterkriechen, was sehr erniedrigend ist. Es gibt keine Minute, in der ich nicht an das Geschehen denke. Schlimm ist, dass ich für mich keine Perspektiven mehr sehe und dass meine Begeisterungsfähigkeit für alles und mein positives Denken verloren gegangen ist".

Banküberfall: Ein Täter und drei Bankangestellte, ein Mann, zwei Frauen. Der Täter fordert den Mann auf, die beiden weiblichen Kolleginnen zu fesseln und wird danach vom Täter mit Handschellen an die Heizung gekettet. Zwischen dem Bankangestellten und einer seiner Kolleginnen herrscht ein monatelanges Spannungsverhältnis. Der Bankangestellte nutzt bei der Fesselung die Gelegenheit und zieht bei seiner Kollegin die Fesseln besonders stramm. Im Erstgespräch schildert die junge Frau nicht den Überfall, sondern nur ihre Enttäuschung, wie dieser unverschämte Kollege die Situation so missbrauchen konnte und ihr mehrere Hämatome an den Unterarmen zugefügt hat.

Geiselnahme in einer Bank: 14 Geiseln werden über 17 Stunden lang von den Peinigern festgehalten. Es gibt Scheinhinrichtungen und unvorstellbare Todesangst. Als die Polizei nach 17 Stunden die Bank stürmt, sind die Täter längst durch einen Monate vorher gebuddelten Tunnel geflohen, mit dem Geld. Alle sind schwer betroffen, bis auf eine Frau. Sie schildert später, dass sie zwar auch Angst hatte, aber in der Geiselnahme erkannt hatte, dass die Geiselhaft nichts anderes gewesen sei als ihre 20 Jahre dauernde Ehe mit einem völlig dominanten Ehemann. Sie schwört sich in der Geiselnahme, ihr Leben zu verändern, wenn sie lebend aus der Bank rauskomme. Und so geschieht es. Nach Beendigung trennt sie sich von ihrem Mann, nimmt sich eine eigene Wohnung, sucht sich eine neue Arbeitsstelle, verändert ihr Outfit. Diese Konkretisierung eines jahrelangen Gefühls in der realen Überfallsituation, wurde von der Frau als positiver Wendepunkt in ihrem Leben genutzt.

Geiselnahme: Ein maskierter Täter verschafft sich Zutritt zu einem Sicherheitsunternehmen. Er ist schwer bewaffnet. Nachdem er die Sekretärin bedroht hat, wartet er im Gruppenraum auf das Eintreffen der acht Sicherheitsmänner. Er bildet einen Stuhlkreis und macht eine Vorstellungsrunde. Er siezt die Anwesenden. Alle lachen, außer dem Täter, und halten es für einen Trick „ihres Alten". „Der Chef macht irgendsoeine blöde Stressbewältigungsübung mit uns". Es dauert mehr als 25 Minuten, bis alle realisiert haben, dass es eine reale und lebensbedrohliche Situation ist. Der Täter fährt am Ende mit drei Geiseln in die Landeszentralbank. Eine Geisel wird von ihm zweimal angeschossen und lebensgefährlich verletzt. Spezialeinheiten erschießen den Täter. Sechs der Geiseln holen sich therapeutische Hilfe.

Banküberfall in einer großen Filiale. Drei Täter dringen äußerst aggressiv in die Bank ein, gehen sehr brutal vor. Die Bankangestellten werden geschlagen, gefesselt und zu Boden geworfen. Als der Tresor leergeräumt ist, flüchten die Täter. Die Jüngste aus der Bank, eine Auszubildende, gerade erst wenige Wochen in der Filiale, alarmiert die Polizei über den Notruf. Sie geht wie im Lehrbuch dabei vor: „Mein Name ist … ich bin in der Filiale … wir sind soeben von drei Tätern überfallen worden …" Sie beschreibt die Täter, das Fluchtauto und die Richtung und sagt, dass niemand getötet worden sei. Daraufhin bekommt sie von dem Polizeibeamten zur Antwort: „Wollen Sie mich verarschen"? Der Beamte legt auf. Die Auszubildende wählt erneut den Notruf. Wiederholt genau ihre Aussagen. Daraufhin wird der Beamte energischer: „Wenn Sie mich hier bei der Ausübung wichtiger Dienstgeschäfte behindern und ständig die Notrufnummer blockieren, haben Sie gleich mit ernsthaften Konsequenzen zu rechnen". Die Auszubildende bricht in diesem Augenblick bewusstlos am Telefon zusammen. Dem Beamten kommt die ganze Situation dann doch irgendwie merkwürdig vor. Nach sage und schreibe 25 Minuten funkt er eine Zivilstreife an, mit drei Beamten zu dieser Filiale zu fahren. Sofort machen sich die Beamten in zivil in einem zivilen Fahrzeug (nicht als Polizei erkennbar) mit hohem Tempo auf zu der Filiale. Mit quietschenden Reifen stoppt der Wagen vor der Bankfiliale und die drei Zivilbeamten rennen mit gezogenen Waffen in die Bank hinein. Erster Gedanke der Bankangestellten: „Scheiße, die Täter kommen wieder!" Sofort werfen sich alle in Panik auf den Boden. Danach geben sich die Beamten zu erkennen. Sie vernehmen die Betroffenen mehr als dreieinhalb Stunden in der Bank, um sie danach unter Nutzung der Hoheitsrechte (Blaulicht, Martinshorn, Rotlichtfahrten, Hochgeschwindigkeit) zum örtlichen Polizeipräsidium zu fahren, um sie dort weitere Stunden zu befragen und ihnen Lichtbildmappen und Waffenmuster zu zeigen. Einige Bankangestellte äußern im Gespräch mit mir, dass sie während des Überfalls nicht einmal soviel Angst gehabt hätten, wie im Wagen der Polizei oder wie beim Reinstürzen der Beamten in die Bank. Auch die Vorlage der Lichtbildmappen zur Täteridentifizierung einschließlich realer Waffentypen wird als äußerst negativ geschildert.

Eine Betroffene eines schweren Raubüberfalles im eigenen Haus: Der Täter versperrte die Haustür und damit die Fluchtmöglichkeiten für die Betroffene und jagte sie mit einer Waffe durch das Haus. Während dieser Jagd nässte die Betroffene sich ein. Der Betroffenen gelang später die Flucht und sie rief die Polizei. Mit beschmutzter Kleidung wurde die Betroffene vernommen. Erst Stunden später konnte sie sich säubern; ein Umstand, der sie äußerst beschämte. In den folgenden Wochen entwickelte die Betroffene einen ausgeprägten Händewaschzwang. Viele Male am Tag musste sie sich die Hände gründlichst reinigen. Obwohl ihr rational das Zwanghafte der häufigen Säuberung klar war, gelang es ihr nicht, dem Waschdrang zu widerstehen.

Eine junge Frau hatte aufgrund einer schwerwiegenden Atemblockade (medizinisch ohne Befund) ein todesnahes Erlebnis. Da sie „nichts verdrängen wollte", versuchte sie sich direkt nach einem kurzen Krankenhausaufenthalt mit dem Erlebnis „auseinander zu setzen", indem sie mehrmals täglich so lange die Luft anhielt, bis der Atemreflex von alleine einsetzte und sie sich so täglich mit dem Erstickungsgefühl „auseinander setzen" konnte. Ihre Unsicherheit über ihre „Lebensfähigkeit" verschärften sich so weit, dass sie nicht mehr imstande war auch nur eine Sekunde alleine zu bleiben.

Stellen Sie sich einen vierzigjährigen Mann aus Homburg vor. Nennen wir ihn Herrn Alfons. Eines Tages entschließt er sich, mit seinen Freunden an einem Skatturnier in Hamburg teilzunehmen. Herr Alfons und seine Skatrunde fährt im ICE „Wilhelm Conrad Röntgen": Selbstverständlich spielt man Skat. Sie spielen auch noch, als der Zug bei Eschede gegen eine Brücke prallt. Herr Alfons hat Glück. Er überlebt mit ein paar Schrammen. Seine Skatfreunde sind auf der Stelle tot.

„Mein Geschäft ist eine Lotto-Totto- und Postagentur in Köln. In der letzten Woche wurde mein Geschäft zum dritten Mal überfallen. Gegen 18.20 Uhr stand plötzlich ein kleiner, schwarz gekleideter Mann mit einer Mütze ohne Sehschlitze und einer Waffe vor mir. Ich weiß nicht mehr, was er zu mir sagte. Ich weiß nur, dass ich in dem Augenblick so laut geschrien habe wie noch nie in meinem Leben. Dann schoss er auf mich".

Ich wurde Opfer eines Banküberfalls. Nachdem die Beute eingepackt war, wurden meine Kollegin und ich mit Gewalt als Geiseln genommen. Die Täter nahmen unsere Polizeiwaffen an sich. Wir mussten zusammen mit den drei Tätern in den kleinen Seat Ibiza einsteigen und es begann eine unvorstellbare Flucht und eine 15-stündige irrsinnige Verfolgungsjagd von 1600 km durch Norddeutschland und Osteuropa. Mir war klar, dass wir uns zwischen Leben und Tod befanden. Die Gedanken drehten sich um das bisherige Leben, um die Lieben zu Hause und um den möglichen nahen Tod. Was macht man im Angesicht des Todes, wenn man am bisherigen Leben nichts mehr ändern kann, wenn man merkt, dass die Träume, die man noch hatte, nicht mehr zu leben wären? Ich konnte nur noch das Vaterunser beten. Wir waren in höchster Lebensgefahr. An der Grenze zur Ukraine gelang mir bei einem Tankstopp die Flucht. Am Nachmittag wurde ich dann mit einem Hubschrauber und einer Beamtin von Interpol nach Warschau gebracht. Für mich war es ein großes Glück, eine schnelle und spezielle Hilfe zu bekommen. Es gibt für mich wieder schöne und fröhliche Zeiten.

Bis zu dem Tag waren wir eine sehr glückliche Familie: mein Mann und unsere Kinder und ich. An diesem Tag betrat ein ehemaliger Schüler das Gebäude, suchte nach einem *seiner früheren Lehrer, der jedoch an diesem Tag nicht anwesend war, ging dann ins Sekretariat, wo er meinen Mann antraf und ihn mit drei gezielten Schüssen ermordete. Dass man lernt, damit umzugehen, ist vor allem der große Verdienst von Herrn Dr. Lüdke. Wofür ich speziell Herrn Dr. Lüdke zeitlebens dankbar sein werde, ist die Hilfe, die er meinen Kindern, vor allem meiner Tochter, gegeben hat und immer noch gibt, und die er damit auch mir gibt. Sie sprengt jeden herkömmlichen Rahmen um ein Vielfaches und die Maßnahmen würden ein eigenes Buch füllen.*

Als das mit meinem Vater passierte, war ich 15 Jahre alt und ging in die 9. Klasse. Eine Woche lang war ich nach der Tat nicht in der Schule und in dieser Zeit habe ich viele Briefe und Karten von meinen Mitschülern und Freunden bekommen. Sie alle wollten mir helfen und sie versprachen mir, dass sie immer für mich da sein und dass wir das alles gemeinsam schaffen würden. Christian Lüdke habe ich kurz nach dem Ereignis kennengelernt und sofort beim ersten Gespräch an diesem Abend fühlte ich mich von ihm ernst genommen. Bei seinem ersten Besuch bei uns zu Hause kurz danach, konnte ich ihm alles erzählen und anvertrauen. Von da an hat er mich über einen sehr langen Zeitraum hinweg jeden Tag angerufen. Zusätzlich habe ich ihm lange E-Mails geschrieben, und ich habe jede genauso umfangreich beantwortet bekommen. Auch heute noch darf ich ihn jederzeit anrufen und meine Sorgen kommen immer noch per E-Mail zu ihm. Er hat kleine und große Ziele für mich gefunden, für die ich weiterleben kann, und er hat mich immer wieder aufgebaut und mir gesagt, dass ich das alles schon schaffe.

Dieser Tag hat mein Leben von Grund auf verändert, mein Mann wurde von einem Amokläufer ermordet. Es war ein ehemaliger Mitarbeiter der Firma. Als ich in die Straße einbog, in der mein Mann arbeitete, sah ich nur Reporter und einige Polizeifahrzeuge. Am Parkplatz hat man mir dann die schlimmste Nachricht meines Lebens überbracht, mein Mann ist tot. Was dann genau abgelaufen ist, weiß ich nicht mehr im Detail, nur so viel, dass ich unbedingt zu meinem Mann wollte, ich wollte bei ihm sein. Ich wurde dann auch psychologisch betreut. Die erste Reaktion, die bei vielen auch in Gedanken sind, war, ich brauche keine Psychologen, sie bringen mir meinen Mann auch nicht zurück. Aber schon bei dem ersten Besuch habe ich gespürt, dass mir diese Gespräche helfen werden. Ich musste auch nicht außer Haus, der Therapeut kam ins Haus. Und das war auch für mich sehr wichtig. Man ist in der gewohnten Umgebung, man muss sich keine Gedanken machen. Während der psychologischen Betreuung, die auch mehr eine Trauerbegleitung war, habe ich viel „gelernt".

Am Sonntag wurde meine 26 Jahre junge Ehefrau, Polizeiobermeisterin, im Rahmen eines Polizeiroutineeinsatzes mit mehreren Messerstichen von einem 27-jährigen Mazedonier erstochen. Sie hatte aufgrund der Heimtücke, wie diese Tat verübt wurde, keine Chance. Durch diesen Vorfall ist mein Leben, aber auch das Leben vieler anderer Menschen, für immer ein anderes geworden. Wenn ich heute, etwa 3 Jahre nach dieser Tat, so zurückblicke, erkenne ich viel deutlicher als damals, was mir wirklich gut aber eben auch nicht gut getan hat. Neben dem Tod meiner Frau war diese psychologische Betreuung das mit einschneidenste Erlebnis meines Lebens. Ich kann nur jedem Betroffenen dringend empfehlen, nach derartigen Katastrophen sich auf einen Therapeuten einzulassen, der auf Traumazustände spezialisiert ist. Er wird die Dinge besser verstehen.

Am 8. Oktober 2001 ereignete sich auf dem Mailänder Flughafen Linate eine der schwersten Katastrophen in der Geschichte der italienischen Luftfahrt. Insgesamt verloren 118 Menschen ihr Leben: alle 104 Passagiere und sechs Besatzungsmitglieder der skandinavischen Maschine, die vier Insassen der Cessna (zwei Piloten und zwei Passagiere) sowie vier der acht Flughafenarbeiter, von denen vier schwer verletzt überlebt haben. Ich bin ein Betroffener, der sich ziemlich unverhofft mitten in dem unheilvollen Geschehen wiederfand. Langsam hatte ich das Gefühl, wieder zu Bewusstsein zu kommen. Erst jetzt merkte ich, dass mir der Schrecken buchstäblich in den Knochen saß, dass ich zitterte und ziemlich verstört war. Meine größte unmittelbare Sorge war jedoch, durch das Erlebte Probleme mit dem Fliegen zu bekommen. Wenige Tage später fand dann auch das Gespräch mit dem angesehenen, auf Soforthilfe spezialisierten Therapeuten statt. Dies habe ich in mehrfacher Hinsicht als ausgesprochen hilfreich empfunden. Zunächst gab es mir Gelegenheit, einen aufmerksamen, geduldigen und kundigen Zuhörer zu finden, dem ich in allen Details nochmals meine Erfahrungen schildern konnte, ohne das Gefühl zu haben, ihn damit zu belasten. Das allein war schon eine Erfahrung, die wichtiger war, als ich es mir vor dem Unglück hätte vorstellen können. Schließlich besteht für mich kein Zweifel, dass die schnelle professionelle Unterstützung mir persönlich dabei geholfen hat, diese kritische Situation heute nur noch als eine „normale" Erinnerung mit mir zu tragen.

Am 11.04.2002 wurde auf Djerba, einer tunesischen Halbinsel, durch die Al-Quaida ein Bombenattentat verübt. Bei dem Anschlag wurden 19 Menschen getötet, davon 14 Deutsche. 17 Deutsche wurden zum Teil schwer verletzt. Adrian erlitt Verbrennungen zweiten und dritten Grades. Betroffen sind bei ihm Kopf, Gesicht, Hände, Arme, Rücken, Oberschenkel und Füße. Insgesamt machen die Verbrennungen bei ihm 45 % seiner Körperoberfläche aus. Da uns Hunde, Pferde oder Delphine als besonders einfühlsame Tiere beschrieben wurden, die Adrians bester Freund werden könnten, haben wir uns nach kurzer Diskussion für einen Hund entschieden. Seit Dezember 2002 bereichert ein Kooikerhondje unser Familienleben.

Das Landgericht verurteilte den Vater der Ulrike wegen Körperverletzung mit Todesfolge zu einer Freiheitsstrafe von sieben Jahren. Nach den Feststellungen des Gerichts hatte er seine Ehefrau mit dem Kopf unter Wasser gedrückt, wodurch sie bewusstlos wurde und infolge Ertrinkens verstarb. Die drei Kinder der Eheleute wurden nach kurzem Aufenthalt bei Verwandten in einem Heim untergebracht. „Warum fragt mich denn keiner, ich hab das doch gesehen".

Manuela, damals zwölf Jahre alt, wurde 1994 auf dem Weg zur Schule Opfer einer Entführung. Die 22 und 23 Jahre alten Entführer hatten diese Idee entwickelt, nachdem sie einen Videofilm über eine Entführung gesehen hatten. Sie hatten ein Wohngebiet beobachtet, von dem sie annahmen, dass dort „reiche Leute" wohnten und beschlossen, wahllos ein Kind zu entführen. Sie ahnten nicht, dass Manuelas Vater, der später selbst vorübergehend in den Verdacht der Beteiligung an der Entführung geriet, dort lediglich seinen Arbeitsplatz und deshalb gleichzeitig seinen Wohnort hatte.

Die Entführer verbrachten Manuela in eine Autobahnbrücke, in der sie sie elf Tage lang auf einer Matratze im Dunkeln gefesselt gefangen hielten. Sie wurde durch ein Wartungsteam zufällig entdeckt und befreit. Manuela: „Auf jeden Fall finde ich ganz *wichtig, dass man immer wieder das Gefühl hat, Du hast Leute, an die Du Dich wenden kannst".*

Die oben beschriebenen Fälle haben es alle geschafft, ihr Trauma zu überwinden. Zum Teil haben die Betroffenen extreme und todesnahe Erlebnisse durchlebt. Die Beispiele sollen Ihnen Mut machen, dass auch Sie Ihren Weg aus der Krise schaffen können.

Wenn die Seele brennt, muss der Kopf Wasser holen.

Gesundheit beginnt im Kopf.
Der Körper folgt dem Kopf.

Wer schlimm denkt, macht es nur noch schlimmer.

Wer seine Aufmerksamkeit auf schöne und
angenehme Dinge lenkt, wird schneller wieder gesund.

Wenn die Seele brennt

Narziss war in der griechischen Mythologie ein schöner Jüngling, dessen Aufgabe es war, jeden Tag Wasser zu holen. Weil er jeden Tag Wasser holte, verliebte er sich unsterblich in sein eigenes Spiegelbild und eines Tages ist er dann bei dem Versuch, sein eigenes Spiegelbild zu umarmen, ertrunken.

Daraus wurde in der Psychologie der Begriff des *„Narzissmus"* übernommen und mit Narzissmus beschreiben wir zum Einen eine übersteigerte Selbstverliebtheit und zum Anderen aber auch unser Selbstwertgefühl. Unser Selbstwertgefühl kann immer dann gekränkt und verletzt werden, wenn unser Leben einmal eine andere Richtung nimmt, wenn wir außergewöhnliche Lebensereignisse haben, die weit außerhalb von dem liegen, was wir sonst erlebt haben, oder wir Schicksalsschläge erleben, die uns auch den Boden unter den Füßen entreißen können. Das alles kann zu einer *„narzisstischen Kränkung"* führen.

Dieses Buch trägt den Titel: „Wenn die Seele brennt". Aber was sollen wir machen, wenn die Seele brennt? Die Antwort lautet:

Wenn die Seele brennt, muss der Kopf Wasser holen.

Unser Kopf spielt bei dem Thema Gesundheit eine ganz zentrale Rolle.

Gesundheit beginnt im Kopf

Unser Kopf ist verantwortlich für einen Großteil unseres Denkens, Fühlens und Handelns. Die Art und Weise, wie wir denken, bestimmt letztlich auch unser Befinden, und die Gesundheit hängt in erster Linie auch davon ab, in welche Richtung wir unsere Gedanken lenken. Andererseits können unsere Gedanken uns auch belasten und sogar krank machen. Das Gehirn ist also nicht immer nur von Vorteil. Ein Grund, so der Kabarettist Jürgen Becker, warum die Bandwürmer es wieder abgeschafft hätten. Sie lebten als Schmarotzer im Darm, seien bestens ernährt und fühlten sich sauwohl. Ein Gehirn sei da völlig überflüssig. Wir Menschen steckten dagegen voller Probleme. Wir hätten größte Schwierigkeiten, uns reibungslos zu ernähren, effektiv fortzupflanzen und auch sonst Spaß im Leben zu haben. Daher müssten wir ein Gehirn mit uns rumschleppen, das Probleme löst, die wir ohne dieses überflüssige Luxusorgan gar nicht hätten (Lütz, M.: Irre! Gütersloh: Gütersloher Verlagshaus 2009, S. XVI). Sei's drum. Gesundheit beginnt im Kopf, bedeutet nichts anderes, als dass oft nicht die Dinge an sich das eigentlich Schlimme sind, sondern vielmehr die Art und Weise, wie wir über das, was wir erlebt haben, denken. Unsere Wahrnehmung spielt dabei eine ganz wichtige Rolle. Es ist wichtig, welche Ressourcen, welche Potenziale und auch welche Erfahrung wir haben, um ein belastendes Ereignis dann verarbeiten zu können.

Der Körper folgt dem Kopf

Wenn wir den Kopf in eine bestimmte Richtung drehen, dann folgt auch unser Körper unweigerlich dieser Bewegung. Nicht nur in einem mechanischen Sinne, sondern auch im übertragenen Sinne, also dorthin, wohin ich meine Gedanken leite, dorthin folgt auch der Körper, und damit haben wir beste Möglichkeiten und beste Voraussetzungen, aktiv alleine durch die Art und Weise unserer Gedanken auf unsere Gesundheit einzuwirken. Wir haben die Möglichkeit, auf Heilverläufe und Verarbeitungsprozesse einzuwirken. Die Kraft der Gedanken ist eine extrem starke Ressource, die uns behilflich sein kann, unsere Gesundheit zu erhalten, um ganz starke innere Widerstandskräfte zu entwickeln.

Viele Menschen haben schon einmal in ihrem Leben eine Stadtführung mitgemacht. Wer aber hat sich schon einmal die Frage gestellt, welches eigentlich die wichtigste Eigenschaft eines Stadtführers ist? Viele werden sagen, es ist wichtig, die Sprache zu beherrschen, andere sagen, es ist wichtig, sich gut in der Stadt auszukennen und Menschen begeistern zu können. Wiederum andere werden sagen, die wichtigste Eigenschaft eines Stadtführers sei es vielleicht, ein Erkennungszeichen zu haben – der berühmte Regenschirm; wiederum andere werden anmerken können, dass die wichtigste Eigenschaft eines Stadtführers ist, ganz spannende Geschichten zu erzählen. Die aber banalste und wichtigste Eigenschaft eines Stadtführers ist eine andere: Sie besteht darin, zu wissen, wo er die Menschen abholen muss! Wenn ich als Stadtführer nicht weiß, wo sich die Gruppe befindet, die ich durch die Stadt führen soll, dann nutzen mir die tollsten Geschichten und die beste Ortskenntnis nichts. Ein anderes und weiteres Sprichwort, diesmal aus Ostfriesland, besagt *„Man muss die Menschen da abholen, wo sie stehen"*. Viele kennen diesen Ausspruch aus unterschiedlichen Zusammenhängen, aus pädagogischen Ausbildungszusammenhängen, Führungskräftetrainings etc. Der Satz *„Man muss die Menschen da abholen, wo sie stehen"* ist ein sehr häufig strapazierter Satz. Allerdings wissen die wenigsten Menschen, dass dieser Satz einen weiteren wichtigen Teil beinhaltet und der zweite Satz in den meisten Fällen immer verschwiegen wird. Das Sprichwort geht weiter und lautet vollständig:

> *„Man muss die Menschen da abholen, wo sie stehen, und dann dahin rudern, wo sie nicht mehr stehen können“.*

Das genannte Sprichwort ist sehr beliebt, aber nicht ganz ungefährlich. Hier wird nicht motiviert, sondern Angst und Unsicherheit werden erzeugt, um Menschen zu manipulieren, um sie in eine bestimmte Richtung zu drängen. Und das ist alles andere als hilfreich und gerade nach traumatischen Ereignissen besonders schädlich, denn nach solchen belastenden Schicksalsereignissen ist es ganz wichtig, dass das grundlegende Sicherheitsgefühl eines Menschen sehr schnell wieder hergestellt wird. Sicherheit ist ganz wichtig für die Entwicklung von Gesundheit.

Man braucht im Grunde genommen nur jeden Tag in die Zeitung zu blicken, den Fernseher anzuschalten oder die Nachrichten zu hören, dann stellt man fest, dass der Tag voll ist mit traumatischen, belastenden Nachrichten. Jeden Tag geschehen Unfälle, Überfälle und es gibt Schicksalsschläge, leidvolle Erfahrungen, Krisen und das tägliche Unglück. Außergewöhnliche Lebensereignisse gehen letztendlich bei jedem Menschen in den privaten und auch in den persönlichen Bereich über. Ich bin der Auffassung, dass jeder Mensch in seinem Leben früher oder später einmal

Kränkungen

Demütigungen

Verletzungen

erleidet, in einem von drei Bereichen. Diese drei Bereiche, in denen wir Kränkungen, Demütigungen und Verletzungen erleben, sind

Familie

Schule/Beruf

Partnerschaft.

Dies sind die drei Bereiche, in denen wir irgendwann einmal so schwer gekränkt, gedemütigt oder verletzt werden können, dass diese Ereignisse, auch wenn sie Jahre oder manchmal sogar jahrzehntelang zurückliegen, heute immer noch so ein komisches Bauchgefühl verursachen können. Mir fällt an dieser Stelle immer mein alter Englischlehrer Dr. Willy Nesswetha ein, der sagte:
„Lüdke, du sprichst Englisch wie ein pakistanischer Gastarbeiter".

Heute geht es mir in dieser Hinsicht gewissermaßen wie Hans-Dietrich Genscher, der sagte:
„Mein Verhältnis zur englischen Sprache ähnelt dem zu meiner Frau:
Ich liebe sie, aber ich beherrsche sie nicht."

Ich musste mich darauf hin in die Ecke stellen, das Gesicht zur Wand drehen und ein Bein in den Papierkorb stellen. Dies war für ihn immer die höchste Form der Demütigung. Wenn ich mich an diese Ereignisse erinnere, kann ich mich heute als Erwachsener darüber amüsieren. Allerdings fand ich das als zehnjähriger Junge sehr schwer kränkend und demütigend und wenn ich mir dieses Ereignis wieder vor Augen führe, dann kann ich heute auch immer noch dieses starke Brennen in der Magengegend spüren, wie es damals war. In der Grundschule, auf die ich gegangen bin, gab es ein anderes Ritual der Lehrer, wenn

32

33

wir dort gestört haben, dann wurde uns eine Eselsmütze aufgesetzt und mit dieser Eselsmütze mussten wir dann eine Stunde im Unterricht sitzen, was dazu führte, dass wir von den Mitschülern ausgelacht wurden. Auch dieses Ereignis hat sich körperlich sehr stark verankert und auch dieses löst immer noch ein Brennen in der Magengegend aus.

So haben wir wahrscheinlich alle in der Familie, in der Partnerschaft, in der Schule oder im Beruf Ereignisse erlebt, die uns nachhaltig sehr schwer gekränkt haben. Das kann die Trennung vom ersten Freund/der ersten Freundin sein, das kann die erste Kündigung gewesen sein, der große Liebeskummer, starke Veränderungen im privaten oder beruflichen Bereich Situationen, in denen wir Angst hatten, dass die Welt morgen untergeht und dass wir das nicht überstehen zu können. Aber wir haben es geschafft, denn sonst wären wir heute nicht hier und dass wir heute noch am leben sind, verdanken wir einer der wichtigsten Einrichtungen der Natur, die wir als so genannte Fähigkeit zur Selbstrettung oder Selbstheilung bezeichnen.

Wir hatten alle sehr belastende Erlebnisse im Leben, die dazu geführt haben, dass wir ganz persönliche, ganz individuelle Bewältigungsstrategien entwickelt haben; manche Menschen wollten alleine sein, sie haben sich zurückgezogen, wiederum andere haben Freunde, Menschen gesucht, mit denen sie über das Erlebte sprechen konnten. Wiederum andere wurden kreativ, haben Musik gehört, haben getanzt, sie haben Bilder gemalt oder Gedichte geschrieben. Egal was wir nach solchen belastenden und einschneidenden Lebensereignissen getan haben, alle diese individuellen Selbstrettungsstrategien sind sehr sinnvoll und haben dazu geführt, dass wir persönlich ganz starke Ressourcen an Kraft angelegt haben, die uns auch heute im gegenwärtigen Leben helfen können, neue und weitere traumatische Ereignisse zu verarbeiten.

Allerdings haben viele Menschen im Lauf der Jahre völlig vergessen, welche Stärken sie in sich tragen und meine Aufgabe als Psychotherapeut ist es im Grunde genommen, nichts anderes als die altbekannte psychotherapeutische Hebammenkunst anzuwenden, d.h. ich fördere in meiner Arbeit nur das zutage, was ein Mensch ohnehin schon an Stärken, an Potenzialen und an Talenten mit sich bringt, um dieses Ereignis dann gut bewältigen zu können.

Es gibt in der Psychotherapie einen altbekannten Grundsatz, der lautet:
„Kränkung macht krank
und Krankheit kränkt".

Das bedeutet nichts anderes, als dass Menschen, die immer wieder gekränkt werden, die immer wieder gedemütigt oder verletzt werden, die immer wieder beleidigt werden und diesen kleinen tausend Nadelstichen ausgesetzt sind, irgendwann tatsächlich körperlich erkranken, und umgekehrt ist es so, dass jede Krankheit immer auch als eine Kränkung erlebt werden kann. Kränkung macht krank bedeutet, dass Menschen, die sehr starken emotionalem Stress ausgesetzt sind – in ihrem Privatleben, in ihrer Beziehung, an ihrem Arbeitsplatz – irgendwann darauf reagieren in der Form, dass zunächst erstmal ihr Immunsystem darauf reagiert.

Wenn ich mich also gegen diese ganzen Demütigungen, Beleidigungen, Kränkungen, die ich immer und immer wieder erlebe, nicht mehr wehren kann, dann reagiert mein

Körper, mein Immunsystem wird geschwächt und in dem Moment, wo das Immunsystem geschwächt ist, ist der Weg frei für die Entstehung von Krankheiten, Infekten, Infektanfälligkeiten, oder aber auch der Weg wird geebnet für die Entwicklung von wirklich sehr ernsthaften Erkrankungen.

Auf der anderen Seite wird Krankheit als eine Kränkung erlebt, das bedeutet, dass Menschen, die körperlich oder seelisch in ihrer Gesundheit beeinträchtigt werden, das Ganze immer als eine Kränkung erleben. Ein Beispiel wäre hier ein junger Profifußballer, der einen sehr schweren Autounfall erlebt und die ärztlichen Kollegen ihm dann im Nachhinein erklären, dass er weiterhin alles in seinem Leben tun kann, nur eines definitiv nie wieder machen kann und das ist Fußball spielen.

Hier wird einem jungen Menschen eine für ihn ganz wichtige Lebensgrundlage entzogen, über die er sich identifiziert, die sein Selbstwertgefühl gestärkt hat und dadurch, dass diese wichtige Tätigkeit nicht mehr ausgeübt werden kann oder eingeschränkt wird, führt das Ganze zu einer so genannten „narzisstischen Kränkung", also das Selbstwertgefühl des Menschen wird stark erschüttert oder verletzt und kann sich zusätzlich negativ auswirken auf die Gesundheit.

Deshalb ist es immer sehr wichtig im Hinterkopf zu behalten, dass Menschen, die ein belastendes oder traumatisches Erlebnis hatten, das Ganze immer auch als eine Kränkung erleben und hier setzt im Übrigen einer der Punkte an, die dazu beitragen, die Gesundheit eines Menschen wieder herzustellen, wie wir später dann noch sehen werden. Der o. g. Profifußballer erlebte am Ende dann doch ein Happy End: zwar konnte er aktiv keinen Fußball mehr spielen, doch durch den Unfall bedingt war er nun mehr bei seiner Frau und seinen Kindern und gewann immer mehr Freude an seiner Vaterrolle und dem Familienleben.

> *Zwei Dinge trüben sich beim Kranken*
> *a) der Urin*
> *b) die Gedanken*   Eugen Roth

Dieser schöne Ausspruch von Eugen Roth ist eine gute Verdichtung dessen, was Gesundheit und Krankheit ausmacht – wenn sich unsere Gesundheit verändert, dann reagiert zuerst der Körper. Wir sehen diese Veränderungen zunächst an körperlichen Symptomen:
Hier trübt sich der Urin zum Beispiel und als Zweites verfinstert sich sofort unsere Gedankenwelt. Also nach dem Körper reagieren unsere Gedanken, verändern sich auch sehr schnell unsere Gedankenwelten, Lebensentwürfe brechen zusammen, wir können hoffnungslos oder hilflos werden, wir können Ängste entwickeln oder das Ganze, was wir erlebt haben, kann sich so massiv auf unsere Gedankenwelt niederschlagen, dass wir uns auch in uns zurückziehen, den Kontakt zur Außenwelt abbrechen und damit dann sehr starke Ängste, Depressionen oder auch Persönlichkeitsveränderungen erleben können.

Das menschliche Gehirn und dessen Funktionsweise sind wichtig für die Bewältigung von traumatischen Ereignissen. Unser Gehirn hat unter anderem die Aufgabe, unser Überleben zu sichern. Die nachfolgenden Ausführungen sollen einen kleinen Einblick geben in die Erkenntnisse der Gehirnforschung und wie Sie Bilder und Gedanken zu Heilmitteln werden lassen können.

> *Das menschliche Hirn ist eine großartige Sache.*
> *Es funktioniert vom Augenblick der Geburt bis zu dem Zeitpunkt,*
> *wo du aufstehst, um eine Rede zu halten.*
>
> Mark Twain

Dieser sehr schöne Ausspruch von Mark Twain wird vielen Menschen vertraut sein und vielen im Leben möglicherweise schon öfter in Situationen begegnet sein, wo man spontan aufgefordert war z. B. eine Rede zu halten oder wo wir vor einem schwierigen Gespräch oder in einer Prüfungssituation waren; zuvor haben wir alles noch gewusst, es war alles präsent und in dem Moment, wo wir einem starken emotionalen Stress ausgesetzt sind, führt das Ganze dazu, dass wir plötzlich eine Sprechbremse haben, wir entwickeln einen Tunnelblick oder wir haben das berühmte Brett vor dem Kopf und alles das, was gerade noch bei uns im Kopf war, unterliegt dann einem völligen Gedächtnisverlust und wir sind nicht in der Lage, so zu reagieren und das zu tun, was wir eigentlich machen wollten.

Das kann dann oft zu Verwirrung und völlig chaotischen Reaktionen führen und ein weiteres altes deutsches Sprichwort sagt, dass ungeordnetes Wissen ist, wie Hausrat auf einem Leiterwagen. Man weiß, wo es ist, aber man kommt nicht dran. Das gleiche gilt im Grunde genommen dann oft auch für unsere Ressourcen, für unsere Selbstheilungsmechanismen: wir wissen vielleicht noch, dass es sie gibt, dass wir auch solche Situationen überstanden haben, aber ich habe keine Ahnung, wie ich jetzt in diesem Augenblick das Richtige tun kann, damit es mir wieder besser geht.

Wie unser Gehirn unter Stress arbeitet und funktioniert, kann man sehr schön ausprobieren an einer Übung, wenn man z. B. einmal mit einer Gruppe arbeitet: stellen Sie sich vor die Gruppe und erklären Sie, dass Sie nun einmal demonstrieren möchten, wie das Gehirn unter starkem emotionalem Stress arbeitet. Um die Arbeitsweise des Gehirns unter Stress zu veranschaulichen, möchten Sie das einmal an einer schwierigen Übung demonstrieren. Dann sagen Sie zu der Gruppe:

„Ich möchte Ihnen jetzt einmal demonstrieren, wie unser Gehirn unter starkem emotionalen Stress arbeitet. Für diese schwierige Übung bräuchte ich bitte mal einen Freiwilligen"!

Sie können sicher sein, dass sich nach dieser Frage niemand spontan melden wird. Manchmal vergehen Minuten, bis ein Teilnehmer oder eine Teilnehmerin sich dann erbarmt, quasi freiwillig nach vorne zu kommen. In diesem Augenblick löst man die Übung auf, in dem man dann sagt, dass das schon die eigentliche Übung war und man nur demonstrieren wollte, dass es sich hierbei um eine Wahrnehmungsübung handelt, um zu zeigen, was im Gehirn passiert und welche Verhaltensmuster ausgelöst werden.

Oft führt das Ganze dann zu einer ersten Erheiterung und danach erfolgen dann weitere Erläuterungen.

Was mit dieser Übung gezeigt werden sollte, ist Folgendes: In dem Moment, wo ich vor einer Gruppe sage *„Ich brauche für eine schwierige Übung einen Freiwilligen"* erinnern sich die Menschen in Bruchteilen von Sekunden daran, welche Erfahrungen sie gemacht haben, sich einmal freiwillig zu einer schwierigen Übung gemeldet zu haben. Die Erfahrungen waren oft peinlich, es hat weh getan, man ist vorgeführt worden. Es sind also oft sehr unangenehme Erfahrungen und diese Erfahrungen sind der erste Teil dessen, was wir wahrnehmen. Nach den Erfahrungen folgen die Erwartungen, das bedeutet, dass wir aufgrund von schlechten Erfahrungen in einer erneuten Situation dann auch die Erwartung haben, dass das, was damals passiert ist, heute wieder passieren wird. Als Menschen haben wir aber die Veranlagung, dass wir unangenehme, schmerzvolle, leidvolle Erfahrungen nicht ein zweites Mal machen wollen und daher zahlreiche verschiedene Abwehrtricks auf Lager haben, die verhindern, dass wir solche belastenden oder auch schmerzvollen Erfahrungen machen. Um Ihnen einmal ein oder zwei Mechanismen zu nennen, hier ein Beispiel:

Als erstes, wenn ich sage *„Ich brauche einen Freiwilligen für eine schwierige Übung"*, kommt es in diesem Augenblick zum

Abbruch von Blickkontakt

und ich werde nicht mehr angeschaut; *„Freiwilliger für eine schwierige Übung"* ist ein ganz starker Reiz – also: nicht mehr hingucken, wenn es bedrohlich wird, den Kopf langsam zur Seite drehen, mal auf die Uhr schauen, mal gucken, was die anderen machen … d. h. also, in dem Moment, wo dieser starke Reiz auf das Gehirn ausgelöst wird, kommt es zum Abbruch von Blickkontakt und im Weiteren zu einem Rückzug in die Innenwelten.

Gleichzeitig schießen Menschen dann verschiedene Gedanken durch den Kopf, die z. B. sein könnten *„Ich bin doch wegen etwas ganz anderem hier, ich möchte mich hier nicht an einer Übung beteiligen"* oder *„Man muss nur die Nerven behalten, irgend jemand wird sich schon melden"* oder es erfolgen Zuschreibungen, dass der Älteste sich doch melden möge oder der Leiter einer Gruppe. Wie auch immer, es gibt zahlreiche Abwehrtricks, die verhindern, dass ich mich persönlich melde, um hier vielleicht auch eine neue Erfahrung machen zu können. Das Ganze ist zunächst eine völlig normale und auch richtige Reaktionsweise unseres Gehirns. Es ist ein Verhaltensmuster und Verhalten ist immer unbewusst. Das Gegenteil von Verhalten ist Handeln. Handeln setzt allerdings voraus, dass ich bei Bewusstsein bin und mich dann entscheiden kann. Das interessante bei dieser Übung ist, dass nach einem solchen Satz *„Ich brauche einen Freiwilligen für eine schwierige Übung"* in der Regel niemand nachfragt *„Was muss ich denn tun?"*, *„Erklären Sie bitte einmal, was ist das Schwierige an dieser Situation …"* und dann entscheidet, ob er/sie das Ganze machen möchte oder nicht. In der Regel führt es wie gesagt zu einem unbewussten Verhaltensmuster, dass man eine solche Situation, die sehr unangenehme Erinnerungen auslöst, dann völlig vermeiden will. In dem Moment, wo wir einen Freiwilligen haben, fordert man den Freiwilligen auf, in einer Übung bitte einmal den folgenden Satz nachzusprechen:

> *"Zweibein sitzt auf Dreibein und isst Einbein, dann kommt Vierbein und nimmt Zweibein das Einbein weg, daraufhin wirft Zweibein dem Vierbein das Dreibein wütend hinterher."*

In den meisten Fällen ist die Reaktion auf diesen Satz einfach nur ein verwunderter Blick und die Unfähigkeit, diesen Satz nachzusprechen. Kein normal gesunder Erwachsener ist in der Regel in der Lage, diesen Satz fehlerfrei nachzusprechen und man benötigt bis zu 150 Wiederholungen. Aber warum ist es so schwer? Das Ganze hat etwas mit der Arbeitsweise unseres Gehirns zu tun, denn unser Gehirn arbeitet in einem ganz wichtigen Bereich ausschließlich in Bildern. Unser Gehirn besteht ja bekanntermaßen aus zwei Hälften. Die linke Gehirnhälfte arbeitet wie ein Daten verarbeitender Computer. Sie ist analytisch, sachlich, rational. Über die linke Gehirnhälfte kommen alle Daten, alle Reize, alle Informationen in den Menschen hinein. Sie werden dann über eine kleine Verbindungsbrücke, die beide Gehirnhälften miteinander verbindet und „Corpus callosum" heißt, auf die rechte Gehirnhälfte weitertransportiert. Dort erfolgt das Ganze dann in einer Umwandlung in Bilder und wird abgelegt auf einer Art *„Festplatte"*. Eine der Haupteigenschaften unseres Gehirns besteht darin, dass wir etwa zu 90/95 % in Bildern denken. Etwa ab dem 3. Lebensjahr beginnen wir damit und als Menschen können wir nicht in Bildern denken. Wenn man einem Menschen z. B. sagt *„Bitte denken Sie jetzt nicht an ein Känguru"*, dann taucht genau in diesem Augenblick das Känguru im Kopf auf, weil es aber nicht lebensnotwendig ist, immer an ein Känguru zu denken, wird dieses Bild kurze Zeit später dann als Gedächtnisinhalt abgelegt. Unser gesamtes Denken, Fühlen und Handeln wird zu einem Großteil durch die Bilder, die wir in uns tragen und die uns oft unbewusst sind, geleitet und bestimmt. Nicht viele Menschen nehmen immer und jederzeit wahr, welche Bilder gerade verantwortlich sind für ihre jeweilige Reaktionsweise und so tragen wir sehr viele schöne, aber eben manchmal auch sehr unangenehme Bilder in uns. Aber zunächst erst einmal zurück zu dem Satz, den ich eingangs genannt habe. Der Satz ist sehr schwer zu wiederholen, weil dabei nur die linke Gehirnhälfte angesprochen wird. Dadurch entstehen im Kopf aber keine Bilder und wenn wir keine Bilder im Kopf haben, können wir etwas nicht wiederholen. In dem Moment, wo wir uns Bilder bewusst machen, können wir auch einen solchen, teilweise sehr schwierigen Satz dann völlig fehlerfrei wiederholen. Ich möchte einmal die Bilder bewusst machen, die sich hinter dem Satz befinden:

Zweibein, das ist ein Mensch, weil er zwei Beine hat. Dreibein, das ist ein Hocker, der drei Beine hat. Einbein könnte zum Beispiel ein Eisbein sein oder eine Hühnchenkeule, und Vierbein ist der Hund. Wenn ich den Satz nun erneut zusammensetze, dann würde er lauten: *„Der Mensch sitzt auf dem Hocker, isst ein Eisbein, dann kommt der Hund, nimmt dem Menschen das Eisbein weg. Daraufhin wirft der Mensch dem Hund den Hocker wütend hinterher."* In der Übersetzung noch einmal: *„Zweibein sitzt auf Dreibein und isst ein Einbein. Dann kommt Vierbein, nimmt dem Zweibein das Einbein weg, daraufhin wirft Zweibein dem Vierbein das Dreibein wütend hinterher."* Probieren Sie es nun einmal für sich aus!

Denken Sie in Bildern

und lassen sie diese Bilder vor Ihrem inneren Auge erscheinen und ablaufen. Wir denken als Menschen fast ausschließlich in Bildern und gerade diese Bilder bestimmen unser Verhalten und auch unser Erleben, daher ist es wichtig, auf die richtigen Bilder zu achten und auf die Gedanken, die diese Bilder erzeugen. Ein asiatisches Sprichwort sagt: *„Achte auf deine Gedanken, denn sie sind der Anfang deiner Taten und deiner Handlungen"*. Die richtigen Bilder erzeugen auch die richtigen Handlungen und können somit maßgeblich dazu beitragen, dass wir unser Verhalten in die richtige Richtung steuern. Häufig wird das Ganze aber nicht angewandt. Wenn Sie sich Situationen vorstellen, wo eine Mutter vielleicht mit ihrem Kind im Stadtpark ist und die Mutter plötzlich ruft *„Geh nicht so nah an den Teich, du fällst dort gleich hinein"*, hat das Kind genau dieses Bild im Kopf und die Wahrscheinlichkeit, dass es in den Teich fällt, ist wesentlich größer, als wenn man das Kind auffordern würde *„Bleib stehen, komm her, setz dich hin!"*; oder die Mutter sagt *„Komm aus dem Baum, du fällst da gleich runter!"*, auch dann hat das Kind genau dieses Sturzbild im Kopf. Auch hier wäre es besser, direkte Signale an das Gehirn zu senden *„Halt dich fest, klammere dich gut an den Stamm und achte darauf, dass du einen sicheren Halt hast!"*; es ist also wichtig, dem Gehirn immer genau das zu sagen, was es tun soll und nicht das, was es nicht tun soll, weil unser Gehirn das Wort *„nicht"* nicht versteht. Das Beispiel von vorhin *„Bitte denken Sie nicht an ein Känguru"* ist sehr anschaulich hierfür. Es ist also wichtig, dass wir am besten immer dem Gehirn genau das sagen, was es tun soll. In der Realität gibt es zahlreiche Beispiele, in denen es nicht gemacht wird. Häufig kann man z. B. in Hotels an Fahrstühlen ein Schild sehen, auf dem steht *„Bitte im Brandfall nicht benutzen"*. Unter Stress laufen Menschen allerdings in Brandsituationen gerade in den Fahrstuhl hinein. Hier wäre es besser und gehirngerechter, dem Gehirn auch zu sagen, was es tun soll, also ein Schild anzubringen, auf dem steht *„Im Brandfall bitte die Treppe benutzen!"*; oder ein klares Verbot aussprechen *„Im Brandfall Betreten verboten!"*. Das würden wir uns merken und an das würden wir uns dann auch in einer Extremsituation erinnern.

So funktioniert letztlich unser Gehirn; es ist ganz einfach, es gibt nur *„an"* und *„aus"* und auch in der Verarbeitung von traumatischen Ereignissen muss ich durch die Art und Weise meiner Gedanken dem Gehirn sagen, was es tun soll. Ich muss zunächst eine Vorstellung davon bekommen, wie es sein könnte, wenn es mir wieder besser geht. Das Wort *„nicht"* sollte von daher am besten aus dem Wortschatz gestrichen werden. Wenn Sie gerne mit Gruppen oder mit Teams arbeiten, dann gibt es eine weitere Demonstration unserer Verhaltensmuster, indem man vor die Gruppe tritt und sagt *„Ich möchte Ihnen nun eine weitere wichtige Funktionsweise unseres Gehirns erklären: Versuchen Sie bitte einmal aufzustehen!"*. In der Regel passiert dann gar nichts, niemand steht auf, weil das Gehirn auch das Wort *„versuchen"* nicht versteht. Als Wiederholung dessen, was ich gerade beschrieben habe, gilt auch hier, dem Gehirn zu sagen, was es tun soll *„bitte aufstehen!"*, *„bitte hinsetzen!"* und das Wort *„versuchen"* unbedingt zu vermeiden. Denn wenn wir sagen *„Ich versuche jetzt erstmal die Tasse dorthin zu tragen ohne zu verplempern"*, geht das in der Regel schief. *„Ich versuche einmal, die Prüfung zu machen"*, *„ich versuche jetzt, dieses schwierige Gespräch zu führen"* … Wir werden sehr häufig scheitern, so dass wir uns besser sagen sollten: *„Ich schaffe das, ich kann das, ich bin gut, ich bin sicher, ich werde das sehr gut machen."* Hier gilt es, dabei die Gedanken genau in die Richtung zu lenken, wo ich hin möchte und nicht auf das zu blicken, was im Grunde genommene meine Katastrophenphantasie sein könnte, denn je schlimmer ich denke, um so schlimmer ist das, was ich dann erlebe. Ich möchte Ihnen eine Schätzfrage stellen: Die Distanz von der Erde bis zum Mond beträgt ungefähr 384.000 km.

Was glauben Sie, wie viele Leitern benötigen Sie, um von der Erde auf den Mond zu gelangen?

Richtige Antwort ist: EINE, sie muss nur lang genug sein. Das bedeutet, wir brauchen nicht tausend verschiedene Techniken oder Konzepte, die wir aneinander reihen, um unser Ziel zu erreichen, sondern eine Methode, eine Strategie, ein Weg ist komplett ausreichend, um ans Ziel zu gelangen, egal wie lang der Weg ist. Auch wenn Ihr Weg aus der Krise manchmal lang erscheint: behalten Sie Ihr Ziel im Auge, machen Sie kleine und sichere Schritte und bleiben Sie auf Ihrem Weg, dann werden Sie Ihr Ziel erreichen. Sie können sich dabei auch daran erinnern, was Ihnen in der Vergangenheit schon einmal geholfen hat, erfolgreich zu sein. Bleiben Sie dabei und nutzen Sie diese Ressource.

Dies gilt das auch für die Steuerung von Heilverläufen, für die Wiederherstellung von Gesundheit, dass wir uns für eine Methode, ein Verfahren entscheiden und dieses dann aber sehr beharrlich weiterverfolgen und am Ende sehr erfolgreich sein werden. Man kann das Ganze vielleicht auch vergleichen mit einem kleinen Teelicht. Man kann mit einem kleinen Teelicht, das man unter einen Wassertopf stellt, diesen Wassertopf zum Kochen bringen, es dauert nur eine gewisse Zeit, während ein wunderschönes, buntes Feuerwerk oft zu Begeisterungsstürmen führt, dieses aber niemals in der Lage sein würde, diesen Wassertopf zu erhitzen. Es gab und gibt unterschiedlich starke, sehr ausstrahlungsstarke und beeindruckende Führungspersönlichkeiten. Eine von ihnen ist sicherlich John F. Kennedy gewesen, der am 25. Mai 1961 einmal sagte:

> *„Ich glaube, dass diese Nation sich verpflichten sollte, das Ziel zu erreichen, vor dem Ende dieses Jahrzehnts einen Menschen auf den Mond und wieder sicher zur Erde zurückzubringen."*

Der wichtigste Teil an diesem Ausspruch von Kennedy ist der letzte Satz *„…und wieder sicher zur Erde zurückzubringen …"*, denn es ist keine große Kunst, einen Menschen auf den Mond zu schießen, schwierig und problematisch ist es, einen Menschen auf den Mond zu schießen und dann wieder sicher zur Erde zurückzubringen. Es geht hier also um die Kontrolle von Sicherheit und hier gilt die alt bekannte Weisheit:
„Vertrauen ist gut,
Kontrolle ist besser".

Gleiches gilt auch für Heilverläufe, für die Wiederherstellung von Gesundheit. Ich muss hier immer wieder die Möglichkeiten haben, mich selbst zu kontrollieren oder auch von außen Kontrollmöglichkeiten zu haben, ob durch gute Freunde oder professionelle Hilfe in Form von Psychotherapeuten. Jede Kontrolle von außen führt am Ende zur Selbstkontrolle und von daher ist Kontrolle überhaupt nichts Negatives, sondern sie ist eine ganz wichtige Voraussetzung dafür, dass ein Mensch lernt, durch Kontrolle von außen sein eigenes Verhalten und sein eigenes Handeln zu kontrollieren und darüber dann eine hohe Selbststeuerungsfähigkeit zu entwickeln und letztlich damit dann auch ganz alleine in der Lage zu sein, aktiv auf seine Befindlichkeit und damit auf seine Gesundheit einzuwirken. Ich habe lange überlegt, wie ich die Krankheitslehre der westlichen Schulmedizin in einem einzigen Satz fassen könnte und nach langem Überlegen fiel mir dieser ein:
„Was fehlt uns denn?"

Dieser Satz ist mir in Erinnerung gekommen, als ich an meine Kindheit und meinen damaligen Hausarzt gedacht habe, der immer dann, wenn ich in seine Praxis kam, fragte: *„Na Christian, was fehlt uns denn?"*. Manche Menschen behaupten, dass es auch heute immer noch Medizinmänner in Deutschland gäbe, die diese Frage an ihre Patienten richten. Ohne es zu wissen, hat dieser alte Hausarzt schon vor mehr als 40 Jahren die westliche Schulmedizin in einen Satz gefasst, denn viele Mediziner, viele Menschen gehen auch heute immer noch davon aus, dass wir Menschen krank werden, weil uns etwas fehlt. Das ist also ein defizitärer Ansatz, der bedeutet, Menschen werden krank, weil ihnen etwas fehlt. Das ist aber nicht in allen Kulturen und nicht in allen medizinischen Ausrichtungen der Fall und für mich das beste Beispiel ist hier die traditionelle chinesische Medizin, bei der man eher von dem Gegenteil ausgeht. Menschen werden also nicht krank, weil ihnen etwas fehlt, sondern weil sie zu viel von etwas haben. Also an innerer Hitze leiden, heißt im Chinesischen 上火 und wird ausgesprochen *„Shanghuo"*. Kopfschmerzen heißt 头痛 und wird ausgesprochen *„Toutong"*. Das chinesische Wort für Kopfschmerz, Entzündung etc. bedeutet in der Übersetzung also sinngemäß *„Feuer"* 火 (huǒ). Wer also zu viel Feuer im Kopf hat und in China zu einem traditionellen Mediziner geht, erlebt etwas anderes als in der deutschen Schulmedizin, in China wird dann der Mediziner nicht den Kopf behandeln, sondern er wird mit großer Wahrscheinlichkeit viel mehr die Füße oder die Knie behandeln, um die Energie, die sich zu viel im Kopf befindet über die Meridiane in ein Körpergleichgewicht nach unten zu leiten, um dadurch das Gleichgewicht und damit die Gesundheit wieder herzustellen. Mit diesem Beispiel möchte ich nur zum Ausdruck bringen, dass man bei dem Thema Gesundheit immer mehrere Perspektiven, immer mehrere Dimensionen und unterschiedliche kulturelle Ausrichtungen berücksichtigen sollte und das Ganze nicht nur eindimensional betrachtet. Viele Menschen werden also nicht krank, weil ihnen etwas fehlt, sondern Menschen werden krank, weil sie zu viel von etwas in sich haben. Es gibt Menschen, die zu viel Trauer in sich tragen, zu viel Enttäuschung, zu viel Aggression, zu viel Wut und dieses Zuviel von einer Gefühlsenergie kann dann so belastend sein, dass das Ganze am Ende krank macht. Daher ist es manchmal hilfreich, zu schauen, ob dem Menschen, dem es nicht gut geht, unbedingt etwas fehlt oder ob dieser Mensch möglicherweise zu viel von etwas in sich trägt, als Reaktion auf ein außergewöhnliches Lebensereignis. Jeder weiß es:

> *„Wer gesund ist, hat viele Wünsche, wer krank ist, hat nur einen."*

Zu der Frage: *„ Was heißt Gesundheit? "*, haben Wissenschaftler und Experten jahrzehntelange Streitgespräche geführt. Man war nicht in der Lage, sich auf eine einheitliche Definition zu verständigen und das führte in der Folgezeit dann zur Entstehung von teilweise völlig absurden Definitionen, die sich manchmal sogar über viele Jahre offiziell gehalten haben. Eine anerkannte Definition über 6 Jahre lang war einmal die Definition der Weltgesundheitsorganisation WHO, die besagte *„ Gesundheit ist das Schweigen der Organe "*. Ein völlig irrwitziger Satz, denn wenn die Organe schweigen, dann sind wir tot. Zum anderen ist es deshalb schlecht, weil wir als Menschen nur auf unsere Organe reduziert werden und Gesundheit viel mehr ist, als die Abwesenheit von Krankheit.

> *Nichts ist ungesünder als krank zu sein.*
>
> Deutsches Sprichwort

Ich erlebe es in meinem Beruf immer wieder, dass ich Menschen begegne, die teilweise sehr schwer krank sind, die unheilbar krank sind, z. B. Krebspatienten, die trotz dieser schweren und unheilbaren Krankheit eine unglaubliche Lebensfreude versprühen, einen unglaublichen Lebensmut haben, der mich sehr dankbar werden lässt, der mich manchmal demütig werden lässt und mich sehr stark beeindruckt. „Gesundheit ist ein Zustand vollständigen körperlichen, geistigen und sozialen Wohlbefindens, der sich nicht nur durch die Abwesenheit von Krankheit oder Behinderung auszeichnet", Gesundheit ist ein wesentlicher Bestandteil des alltäglichen Lebens, aber nicht sein vorrangiges Lebensziel (WHO).

Ein Mensch ist dann gesund, wenn er sich körperlich, seelisch und sozial im Gleichgewicht befindet.

Das sind die drei Bereiche, die unsere Gesundheit und zum großen Teil auch unser Leben ausmachen. Körperlich, seelisch und sozial gesund, diese drei Teile sind miteinander verbunden wie die Teile eines Mobiles. Sobald sich ein Teil bewegt, bewegen sich die anderen mit und je stärker sich ein Teil bewegt, desto stärker bewegen sich auch die anderen mit, was bedeutet, dass eine Störung in einem Bereich unmittelbar dann auch zu einer Störung des Gleichgewichtes in einem anderen Bereich führt. Aber wenn wir körperlich, seelisch und sozial halbwegs im Gleichgewicht sind, dann können wir sagen, dass wir gesund sind. Wir Menschen sind selten in allen drei Bereichen immer und über längere Zeit im Gleichgewicht, mal haben wir Ärger zu Hause, dafür läuft es auf der Arbeit gut, mal ist es umgekehrt und zu Hause mit der Familie, mit den Freunden, mit den Kindern ist alles in Ordnung, dafür haben wir sehr großen Stress mit der Arbeit, mit dem Chef, mit den Mitarbeitern, und so kann dann ein Bereich auf den anderen unmittelbar einwirken. Wenn wir jedoch körperlich, seelisch und sozial im Gleichgewicht sind, und hier gilt die Mittelmäßigkeit, denn

Mittelmäßigkeit reicht völlig aus im Leben,

dann können wir einen Menschen als gesund bezeichnen. Sigmund Freud wurde einst gefragt, was seiner Meinung nach ein normaler Mensch gut können müsste. Der Frager erwartete vermutlich eine komplizierte, *„tiefe“* Antwort. Aber Freud soll einfach gesagt haben: *„Lieben und Arbeiten“*. Es lohnt sich, über diese einfache Formel nachzudenken (vgl. Erik H. Erikson). Fazit:

Ein Mensch ist dann gesund, wenn er sich in Liebe und Arbeit befriedigend betätigen kann.

Die Liebe und Arbeit sind die beiden Bereiche, die unser Leben und unsere Gesundheit ausmachen. Liebe, Partnerschaft, die Körperlichkeit, unsere Freunde, die Kinder, alles das, was wir in unserer Freizeit machen, was uns unglaublich viel Spaß und Freude und Lust bereitet auf der einen Seite, auf der anderen Seite dann aber die Arbeit, mit der wir oft mehr Zeit verbringen als mit unseren Familien, wo wir mit Menschen zusammen sind, die wir uns nicht immer aussuchen können und bei der wir manchmal Aufgaben verrichten müssen, die nicht immer einen tiefen Sinn ergeben. Daher ist es ganz wichtig, dass wir in Liebe und Arbeit uns befriedigend betätigen können, um so unsere Gesundheit zu erhalten. Wenn wir also beruflich und privat zufrieden sind, vielleicht eine Familie und ein ausreichendes soziales Netzwerk um uns herum haben, ist das letztlich der beste Schutz, um mit den Belastungen des Lebens gut umgehen zu können. Im Zusammenhang mit diesem Ausspruch, dass ein Mensch dann gesund ist, wenn er sich in Liebe und Arbeit befriedigend betätigen kann, möchte ich auf drei sehr interessante Nebenthemen hinweisen. Ein Thema beschäftigt sich mit der Zeit, also mit der Zeitforschung. Menschen haben immer mehr das Gefühl, dass die Zeit immer schneller vergeht, so wie Opa früher sagte: *„Je älter man wird, desto schneller vergeht die Zeit"*, was natürlich aus wissenschaftlicher Sicht völliger Blödsinn ist, denn als Erwachsener haben wir exakt die gleiche Zeit, die wir auch als Kinder hatten, allerdings haben wir ein ganz wichtiges Gut verloren, das man bei Kindern das Gefühl der Zeitewigkeit nennt.

Das Gefühl der Zeitewigkeit

Als Kinder hatten wir alle das Gefühl der Zeitewigkeit, das bedeutet, Zeit hört niemals auf. Wir hatten ein Meer an Zeit. Sechs Wochen Ferien – ein unvorstellbar langer Zeitraum! Doch was sind heute für uns als Erwachsene sechs Wochen? Wir steigen montags morgens in das Hamsterrad, das Wochenrennen beginnt, das Hamsterrad dreht sich bis freitags abends und manchmal auch noch am Wochenende, dann steigen wir aus, wir schießen quasi durch das Wochenende, müssen auch mit Freunden und Familien Termine in der Freizeit verabreden. So haben wir das Gefühl, dass die Zeit immer schneller vergeht und die Jahre einfach nur so davonlaufen. Aber es ist möglich, dass wir uns als Erwachsene das Gefühl der Zeitewigkeit zurückholen, ich möchte hier auf eine Forscherin mit dem Namen Bodil Jönsson (Jönsson, B.: Zeit. Wie man ein verlorenes Gut zurückgewinnt, Köln: Kiepenheuer und Witsch 2000) verweisen, die sehr eindringlich darauf hinweist, dass wir als Menschen im Leben etwa 30.000 Tage geschenkt bekommen, wenn wir von einer durchschnittlichen Lebenserwartung von 80 Jahren ausgehen.

Wir haben nur 30.000 Tage um zu leben!

10.000 Tage können wir von vornherein abziehen, da wir diese mit Schlafen verbringen, es verbleiben also 20.000 Tage. Von diesen können wir nun weitere Tage abziehen, die wir damit verbringen, zu essen, uns anzuziehen, eine Ausbildung zu machen, zu lernen, und zu arbeiten (ein durchschnittliches Arbeitsleben dauert in etwa 9.000 Tage). Wenn man das individuell berechnet, dann schrumpft dieser Vorrat an Tagen dramatisch zusammen und es ist erschreckend zu sehen, wie wenig Tage uns am Ende dann eigentlich zum Leben übrig bleiben. Aber das ist ja gerade der Sinn: Wir sind auf der Welt, um zu leben und nicht, um zu arbeiten. Arbeit ist ausschließlich dazu da, damit wir gut damit und gut davon leben können; mit der Arbeit, der wir nachgehen, verdienen wir unser Geld, um unser Haus zu bezahlen, unser Auto zu bezahlen und in den Urlaub zu fahren, aber der eigentliche Sinn besteht darin, zu leben, glücklich zu sein und mit anderen Menschen in Partnerschaft oder in Gemeinschaft zu leben. Deshalb ist es wichtig, sich genau zu überlegen, mit welchen Dingen man die Tage füllen möchte, mit welchen Menschen man zusammen sein möchte, und was einem im Leben wichtig ist. Wir sollten lernen zu unterscheiden, welche Werte im Leben von Bedeutung sind:

Ein Philosophieprofessor hatte für seine Vorlesung einige Dinge vor sich auf seinem Pult zusammengestellt. Als die Vorlesung begann, nahm er ein Einmachglas, wortlos füllte er große Steine hinein bis hoch zum Rand. Anschließend fragte er die Studenten, ob das Glas nun voll sei. Sie antworteten: „Ja, es ist voll."

Dann nahm der Professor eine Dose mit kleinen Kieselsteinen und ließ sie in das Glas gleiten, schüttelte etwas und ließ weitere Kiesel in das Glas rollen. Die Studenten fingen an zu lachen. Als kein weiterer Kiesel mehr in das Glas passte, fragte der Professor seine Studenten erneut: „Ist das Glas jetzt voll?" Und wieder waren alle der Meinung, das Glas sei voll.

Daraufhin nahm er eine Schale mit Sand und lies ihn auch noch in das Glas fließen, wobei er es ab und zu etwas schüttelte. Und natürlich ging der Sand auch noch hinein und verteilte sich in den restlichen Lücken zwischen den Kieseln und den Steinen. „Und nun", sagte der Professor, „möchte ich, dass Sie erkennen: Dieses Glas ist wie Ihr Leben. Und Sie entscheiden, was Sie hineinpacken. Sie haben das irgendwann einmal grundsätzlich entschieden. Sie überprüfen diese Entscheidung, und in gewisser Weise treffen Sie sie jeden Morgen neu: Was packe ich heute in mein Leben? Was? – und ganz wichtig: in welcher Reihenfolge tun Sie das? Die Steine – das sind die wichtigsten Dinge in Ihrem Leben: Ihre Familie, Ihr Partner, Ihre Kinder, Ihre Gesundheit, Ihr Glaube. Alles, was Ihnen wichtig ist und was übrig bliebe, wenn alles andere wegfiele. Die Dinge, die auch allein noch Ihr Leben erfüllen würden. Und umgekehrt: Wenn Ihnen diese Dinge verloren gingen, wäre Ihr Leben zerstört. Die kleinen Kiesel sind die nicht ganz so wichtigen Dinge in Ihrem Leben: Beruf, Haus oder Wohnung, Ihr Besitz, Auto ... Nicht ganz so wichtig, weil der Verlust dieser Dinge Ihnen zwar wehtun würde, Sie aber nicht zerstören würde. Der Sand schließlich steht für all die anderen Dinge in Ihrem Leben, für die vielen kleinen Dinge, die Sie mehr oder weniger freiwillig tun; Hobbys, auch solche, die unter der Hand zu Pflichten geworden sind, Sachen, die Sie einmal gekauft haben und um die Sie sich jetzt kümmern müssen. Steine, Kiesel, Sand. Wenn Sie den Sand zuerst in Ihr Lebensglas füllen, bleibt kein Raum mehr für Kiesel. Und schon gar nicht für Steine. So ist es auch in Ihrem Leben: Wenn Sie all Ihre Energie für die kleinen Dinge aufgebraucht haben, ist keine Kraft mehr da für die großen, wichtigen. Wenn Sie Ihre ganze Zeit mit Kleinkram ausgefüllt haben, haben Sie keine Zeit mehr für das, worauf es wirklich ankommt. Und das ist gemeint: Wenn Ihr Lebensglas voll Sand ist, alles randvoll mit Kleinkram ist, dann haben Sie wirklich keine Zeit und Kraft mehr für die entscheidenden Dinge: Sie lesen ein gutes Buch, putzen die Fenster oder schrauben an Ihrem Auto und denken: ‚Eigentlich könnte ich ja, vielleicht sollte ich mal wieder ...' Achten Sie also auf das, was Sie tun. Achten Sie auf Dinge, die wirklich wichtig sind. Spielen Sie mit Ihren Kindern, gehen Sie mit Ihrem Partner aus, treffen Sie Ihre Freunde, nehmen Sie sich Zeit, Ihren Glauben zu leben"!

44
—
45

(aus einem Vorwort von Professor Dr. med. Nossrat Peseschkian, in: Lüdke, Chr./ Becker, A.: Der kleine Samurai Mio Mio Mausebär. Gemeinsam stark gegen Kinderängste, 2 Bände, Heidelberg: Psychotherapeuten Verlag 2007, S. 6 ff)

Diese Geschichte macht also deutlich, dass wir auf die richtigen Prioritäten im Leben achten sollten und so können auch Krankheiten, traumatische Ereignisse oder Schicksalsschläge immer wieder dazu führen, dass Menschen plötzlich einen Weckruf erhalten. Sie wachen aus dem Dämmerschlaf auf und sie sehen, was wirklich von Bedeutung ist. Sie sehen, wie schnell sich das Leben plötzlich in eine andere Richtung drehen kann, wie dramatisch das Ganze plötzlich sein kann und ihnen wird bewusst, was ihnen wirklich wichtig ist im Leben.

Was ist das Gute im Schlechten?

Und so kann man bei solchen belastenden Ereignissen das Ganze auch immer als eine persönliche Reifung erleben. Alles Schlechte hat auch immer etwas Gutes und es ist wichtig, bei allem Schicksal, sich auch immer darauf zu konzentrieren und sich zu fragen: *Was ist das Gute im Schlechten? Wie kann ich persönlich reifen? Wie kann ich stärker werden?* Zeit spielt am Ende aber eine ganz wichtige Rolle und ist eines der wichtigsten Güter, die uns im Leben geschenkt sind, von daher sollten wir also genau darauf achten, wie und mit wem wir unsere Zeit verbringen, die wir zur Verfügung haben. Es gibt viele Beispiele, die deutlich machen, dass die gefühlte Zeit immer schneller erlebt wird, es gibt neue Krankheitsbilder (*"Hurry-Sickness"*, die Hetzkrankheit), Menschen sind erschöpft, haben keine Kraft und vor allen Dingen auch keine Zeit mehr (Lüdke, Chr./Höher, P.: Hurry-Sickness: das Phänomen Hetzkrankheit »Wenn der Beruf die Überhand gewinnt und das Leben aus der Balance gerät«, Bertelsmann Newsletter Work Life Balance, Gütersloh 2010). Zeit zu haben – und das öffentlich auch noch zuzugeben – gilt in der heutigen Zeit schon fast als eine Art sozialer Selbstmord, denn wer heutzutage Zeit hat, mit dem kann irgendetwas nicht stimmen. *"Ich habe keine Zeit"* dürfte vermutlich einer der häufigsten Sätze von Menschen sein, die vermeiden, etwas Wichtiges zu tun oder darauf zu achten, was möglicherweise in Beziehungen oder in Partnerschaften wirklich wichtig sein könnte. Zeit spielt auch in Zusammenhängen von Gesundheit eine wichtige Rolle. Man denke dabei nur an Mediziner, Ärzte etc.: Niedergelassene Ärzte in Deutschland haben heute im Bundesdurchschnitt etwa sieben Minuten Zeit für Patienten und die Kunst eines guten Arztes besteht darin, einem Patienten das Gefühl zu vermitteln – er habe eine Stunde Zeit für diesen – tatsächlich hat er aber nur sieben Minuten. Hier kommt der sprechenden Medizin eine sehr wichtige Bedeutung zu. Tatsächlich ist es aber so, dass Ärzte oft keine Zeit haben, sich mit den wirklichen Ursachen für eine Störung oder Erkrankung des Patienten zu beschäftigen. Stattdessen wird dann Medikamenten der Vorgang in der Behandlung gegeben. Weil die Kinder von heute aber auch die Patienten von morgen sein können, ist es wichtig, möglichst frühzeitig für eine starke Bindung zu sorgen, Vertrauen zu vermitteln, innere Widerstandskräfte zu stärken und Hilfestellungen zu geben, die eigenen Stärken zu erkennen und zu lernen, die Dinge selbst zu tun. Vorbilder und Zuwendung sind dabei besonders wichtig und die Qualität der Beziehung und der erlebten Zeit ist entscheidend. Daher sollen nachfolgend einige wichtige Aspekte in einem kleinen Exkurs näher erläutert werden.

Mehr Zeit für Kinder

Eine Studie hat einmal die Frage gestellt *"Wie viel Zeit verbringen berufstätige Väter pro Tag im Bundesdurchschnitt mit ihren Kindern, wenn man das Wochenende mit einrechnet?"* Wenn man Menschen dazu befragt, liegen Schätzungen oft bei 20 Minuten bis zu zwei Stunden. Das Ganze ist allerdings viel erschreckender, denn der Bundesdurchschnitt liegt bei unter 10 Minuten. (Zeitbudgetserhebungen des Statistischen Bundesamtes Deutschland: Alltag in Deutschland, Analysen zur Zeitverwendung, Band 43, Was machen Männer mit Ihrer Zeit? Wiesbaden 2004, S. 194 ff). Zeitaufwand bei berufstätigen Vätern für Spiele, Sport und Schmusen wird mit täglich weniger als 10 Minuten angegeben. Den Hund spazieren führen liegt dagegen bei 57 Minuten im Durchschnitt pro Tag. In der Rabenhorst-Studie im Jahr 2010 wurde eine bundesweite GfK-Umfrage berufstätiger Väter von Kindern bis zu 14 Jahren durchgeführt. Ergebnis: jeder vierte Vater verbringt weniger als drei Stunden pro Woche mit seinem Kind. Weniger als 10 Minuten, in denen ein berufstätiger Vater seine ungeteilte Aufmerksamkeit seinem Kind zukommen lässt, d. h. mit diesem Hausaufgaben macht, spielt oder anderen Dingen nachgeht und das ist sicherlich eine der Hauptursachen dafür, dass es so zahlreiche Verhaltensauffälligkeiten und Verhaltensstörungen bei Kindern gibt. Kinder wollen immer als Person wahrgenommen werden. Kinder, die in ihren Familien nicht als Person wahrgenommen werden, beginnen dann, auf sich aufmerksam zu machen, in dem sie 25-mal den Löffel auf den Boden fallen lassen, indem sie stören, Witze machen, den Clown spielen oder starke Essstörungen entwickeln. D. h. viele Auffälligkeiten bei Kindern und Jugendlichen resultieren nur daraus, dass sie nicht als Person wahrgenommen wurden, dass sie nicht ausreichend Zeit, Zuwendung und Zärtlichkeit erlebt haben, und damit dann auch Tür und Tor geöffnet werden für die Entstehung teilweise sehr ernst zu nehmender psychischer Erkrankungen.

Die Qualität der Zeit ist entscheidend

In diesem Zusammenhang gibt es für mich eine in Deutschland am häufigsten gestellte Falsch- und Fehldiagnose ADHS (Aufmerksamkeits-Defizit-Hyperaktivitäts-Syndrom oder Zappelphilipp-Syndrom). In vielen Fällen kann ADS ersetzt werden durch EDS, also Erziehungs-Defizit-Störung, und hier resultiert dann die Verhaltensauffälligkeit des Kindes am Ende nur aus Störungen im Erziehungsverhalten, d. h. also, viele Eltern setzen lieber den Fernseher als elektronischen Babysitter ein, anstatt sich selbst um das Kind zu kümmern. Andere Familien regeln das Ganze über materielle Dinge, über Taschengeld oder über Geschenke, was am Ende aber auch dazu führt, dass Kinder hier emotional verwahrlosen können. Das Schicksal der ADHS-Kinder ist landläufig bekannt, denn am Ende ist es bei vielen so, dass sie dann auch medikamentös behandelt werden. Ritalin hat z. B. eine kokainähnliche Wirkung und kann schon nach einmaliger Einnahme zu einer körperlichen Abhängigkeit führen. Für ein Kind ist es immer wichtig, *wie* es etwas erlebt, nicht *was* es erlebt, d. h. also die Qualität der Zeit spielt hier eine besonders wichtige Rolle und Eltern sollten darauf achten, dass sie die wenige Zeit, die sie für ihre Kinder haben, qualitativ sehr hochwertig mit ihnen verbringen, davon zehrt ein Kind wesentlich mehr.

Es ist nicht selbstverständlich, dass Eltern eine Arbeit haben

Berufstätige Mütter oder Väter müssen dennoch kein schlechtes Gewissen haben, wenn sie arbeiten gehen, obwohl sie viel lieber mit ihren Kindern zusammen wären, denn es ist in der heutigen Zeit für Kinder eine der wichtigsten Erfahrungen, dass sie sehen, dass ihre Eltern eine Arbeit haben, da das eine Investition für die Zukunft ist. Weil die Eltern eine Arbeit haben, ermöglichen sie ihrem Kind, dass es überhaupt zur Schule gehen kann, dass es außerhalb der Schule in seiner Freizeit verschiedenen Hobbys und Interessen nachgehen kann, neue Medien hat, Internet, vielleicht ein Handy besitzt, Sport machen kann oder auch andere Dinge tun kann. Daher sollten berufstätige Eltern auf keinen Fall ein schlechtes Gewissen haben, wenn sie arbeiten. Sie sollten aber immer daran denken, dann auch Freiräume für ihre Kinder zu haben, die nur und ausschließlich ihren Kindern gehören. In diesem Zusammenhang gibt es eine sehr interessante Studie von dem Familienforscher Professor Wassilios E. Fthenakis, der in den letzten Jahren erforscht hat, welche Auswirkung dagegen die Erziehung von Müttern auf ihre Kinder hat und welche Auswirkung die Erziehung der Väter auf ihre Kinder hat. Betrachtet man sich diese Ergebnisse, dann ist das Ganze sehr ernüchternd und niederschmetternd, denn als Eltern haben wir so gut wie keine Möglichkeiten eines langfristigen Einflusses auf die Entwicklung unserer Kinder, was im Klartext bedeutet, dass die Kinder früher oder später das machen, was sie wollen. Dabei ist egal, ob die Mutter oder der Vater zu Hause ist, sogar die Erziehungsstile sind dabei beliebig (mit Ausnahme des antiautoritären Erziehungsstils, damit schädigt man Kinder). Und nach den Studien von Fthenakis gibt es heute nur einen wissenschaftlich nachweisbaren Aspekt, der eine Langzeitwirkung bei den Kindern entfaltet und der besteht in der Qualität der Beziehung der Eltern untereinander. Diese Qualität ist ausschlaggebend für die langfristige Entwicklung eines Kindes und wenn die Qualität der Beziehung im besten Fall ein respektvoller, sehr liebevoller Umgang ist, dann ist dies das Wichtigste, was wir unseren Kindern mit auf den Weg geben können.

Die Qualität der Beziehung der Eltern ist entscheidend für die langfristige Entwicklung der Kinder.

Ich habe vorhin erwähnt, dass berufstätige Väter oft nur weniger als 10 Minuten am Tag Zeit haben, um mit ihren Kindern zu schmusen oder zu spielen. Es gibt eine weitere erschreckende Zahl in diesem Zusammenhang: Laut einer Studie des österreichischen Arztes Erwin Ringel, sprechen Ehepaare angeblich im Durchschnitt 7 Minuten pro Tag miteinander. Die Studie von Ringel ist lange her. Dennoch zeigen aktuelle Umfragen eine grundsätzliche Tendenz: Verheiratete Paare reden weniger als unverheiratete Paare. Bei Verheirateten liegt der Durchschnitt bei 93 Minuten am Tag. Vielleicht ist gepflegte Ignoranz ja Voraussetzung für eine lang anhaltende Partnerschaft. Erst recht, wenn die Tageskonversation daraus besteht, dass sie ihm 7 Minuten lang zuruft: „Sprich doch mal mit mir!" Die Zahlen der Umfragen sind unterschiedlich. Je nachdem wie und in welchem Umfang befragt wird, kommt man auf bis zu 102 Minuten, die sich zusammenlebende Paare für tägliche Gespräche nehmen. Hauptsächlich, um über Einkauf, Haushalt und Job zu reden. Kinder und Sex sind selten Thema. Dafür werden alle verfügbaren Kommunikationswege genutzt: Ob von Angesicht zu Angesicht, per Telefon oder Handy, soziale Netzwerke im Internet oder Instant Messaging und Skype. Egal ob 7 oder 102 Minuten, Frauen und Männer reden zu wenig miteinander. Sicherlich ist das auch eine der Hauptursachen für so viele gestörte Beziehungen in Deutschland und es ist kein Zufall, dass mittlerweile fast jede zweite Ehe in Deutschland getrennt wird. Meine Erfahrung als Therapeut in der Arbeit mit Paaren und Familien besteht darin, dass ich zu der Überzeugung gelangt bin, dass die meisten Partnerschaften aufgrund von Missverständnissen und aufgrund von Zeitmangel scheitern.

Wenn ich nur eine knappe Stunde am Tag Zeit für meine Partnerin/meinen Partner habe, ist das natürlich sehr wenig und wenn man bedenkt, wie viel Zeit gerade auch Männer in andere Bereiche investieren, wie sie ihr Auto pflegen, es waschen, es putzen, dann relativiert sich das Ganze wieder. Gespräche unter vier Augen sind und bleiben aber immer noch am wichtigsten. Eine letzte Studie, die ich bei diesem Thema erwähnen möchte, ist eine Studie zu den Ängsten der Deutschen, die seit mittlerweile 20 Jahren in Deutschland durchgeführt wird und repräsentativ und international eine sehr hohe Beachtung findet (Studie des R+V Infocenters, Wiesbaden 2011). Diese Studie erfasst regelmäßig die 16 größten Ängste der Deutschen. Betrachtet man die Ergebnisse, dann sieht man, dass auf den ersten Rängen die Angst vor steigenden Lebenshaltungskosten liegt, gefolgt von der Angst vor Arbeitslosigkeit und Verschlechterung der Wirtschaftslage, während die geringste Angst in Deutschland die ist, dass die eigene Partnerschaft zerbrechen könnte oder dass man/frau den Partner oder die Partnerin verlieren könnte. Kinder sind hingegen in dieser Studie in den letzten 20 Jahren die größten Glücksbringer im Leben. Repräsentativ wurde danach gefragt, was die Deutschen in den letzten 20 Jahren glücklich gemacht hat. Geburt der Kinder/Enkelkinder war die häufigste Antwort. Kinder sollten also im Fokus der Zukunft stehen, sitzen, liegen, hüpfen, springen und tanzen.

Es ist in Deutschland wesentlich leichter, einen neuen Freund oder eine neue Freundin zu finden, als einen neuen Arbeitsplatz.

Das führt dazu, dass viele Menschen ihre Partnerschaft oder ihre Ehe für selbstverständlich nehmen, sich nicht darum kümmern und sich vielmehr dann nach außen orientieren, sich mehr um die Arbeit kümmern, dadurch den Grundstein für eine ganze Reihe von Störungen und Konflikten legen und damit das Ende einer Partnerschaft vorprogrammiert ist. Hier wäre es sicherlich gut, mehr Zeit in die eigene Partnerschaft, in die eigene Beziehung zu investieren. Ein Beispiel, an dem ich das sehr deutlich erlebe, sind Ausbildungen oder Trainings mit Führungskräften oder mit High-End-Managern, die in meinen Vorträgen dann mit dem neuesten Laptop sitzen, der neueste BlackBerry, das iPad, das iPhone vor sich stehen haben, alles läuft auf der aktuellsten neuesten Version … Frage ich sie aber danach, auf welcher Version denn ihre Ehe oder Partnerschaft läuft, höre ich dann manchmal Freundin 1.0 oder noch weniger. Hier wäre es sicherlich sehr schön, manchmal die eigene Beziehung auf die neueste Version zu bringen, um es neudeutsch auszudrücken, und damit sehr auf die Stabilität und den Fortbestand der eigenen Partnerschaft zu achten. Liebe und Arbeit sind also die Grundpfeiler unserer Gesundheit, es sind die Stützen, auf denen unsere Gesundheit ruht, und werden diese beiden Stützen erschüttert, kann die Folge dann eben die Entstehung von Krankheit sein. Unsere Identität und damit auch Gesundheit ruht auf 5 Säulen. Es ist erstens unser Körper, zweitens unsere Arbeit und Leistung, drittens die materiellen Sicherheiten, viertens unser soziales Umfeld und fünftens sind es die Werte, Normen und unsere Lebenseinstellungen. Ein Beispiel dafür, wie wichtig unsere Arbeit mittlerweile ist, habe ich in einer Hamburger Fischfabrik erlebt. In dieser Fabrik prangte ein riesengroßes Schild über der Eingangshalle. Dort stand:

48
—
49

Arbeitest du heute nicht fleißig,
dann suchst du morgen fleißig nach Arbeit.

Das bringt sicherlich auf den Punkt, wie die aktuelle Situation für sehr viele Berufstätige ist, d. h. die Arbeit stellt einen ganz wichtigen Bereich dar; bringen wir nicht Höchstleistungen in unserem Beruf, dann kann das Ganze dazu führen, dass wir sehr schnell aus dieser Sicherheit herausfallen und damit dann weitere, sehr negative Konsequenzen eintreten können.

Von der Geburt an entwickelt, verändert und wandelt sich der Mensch. Genetische Informationen und Naturgesetze begleiten und beeinflussen das Leben. Wir durchlaufen zahlreiche Entwicklungskrisen und werden begleitet von Ängsten und dem Wissen um die eigene Sterblichkeit.

Gegen unsere Ängste können wir Gegenkräfte entwickeln: Mut, Vertrauen, Erkenntnis, Macht, Hoffnung, Glaube und Liebe, wie Fritz Riemann sagte. Wir streben danach, gesund und glücklich zu sein. Gesund ist ein Mensch, wenn er sich körperlich, seelisch und sozial im Gleichgewicht befindet, wenn er sich in Liebe und Arbeit befriedigend betätigen kann.

Der deutsche Physiker Georg Christoph Lichtenberg (1742–1799) sagte, dass der Mensch das Gefühl der Gesundheit durch die Krankheit erwirbt. Das menschliche Leben gleicht oft einem Mobile und dabei kommt es auf das Gleichgewicht an. Übrigens kann nicht nur Krankheit, sondern auch Gesundheit ansteckend sein!

Samenkorn Mensch

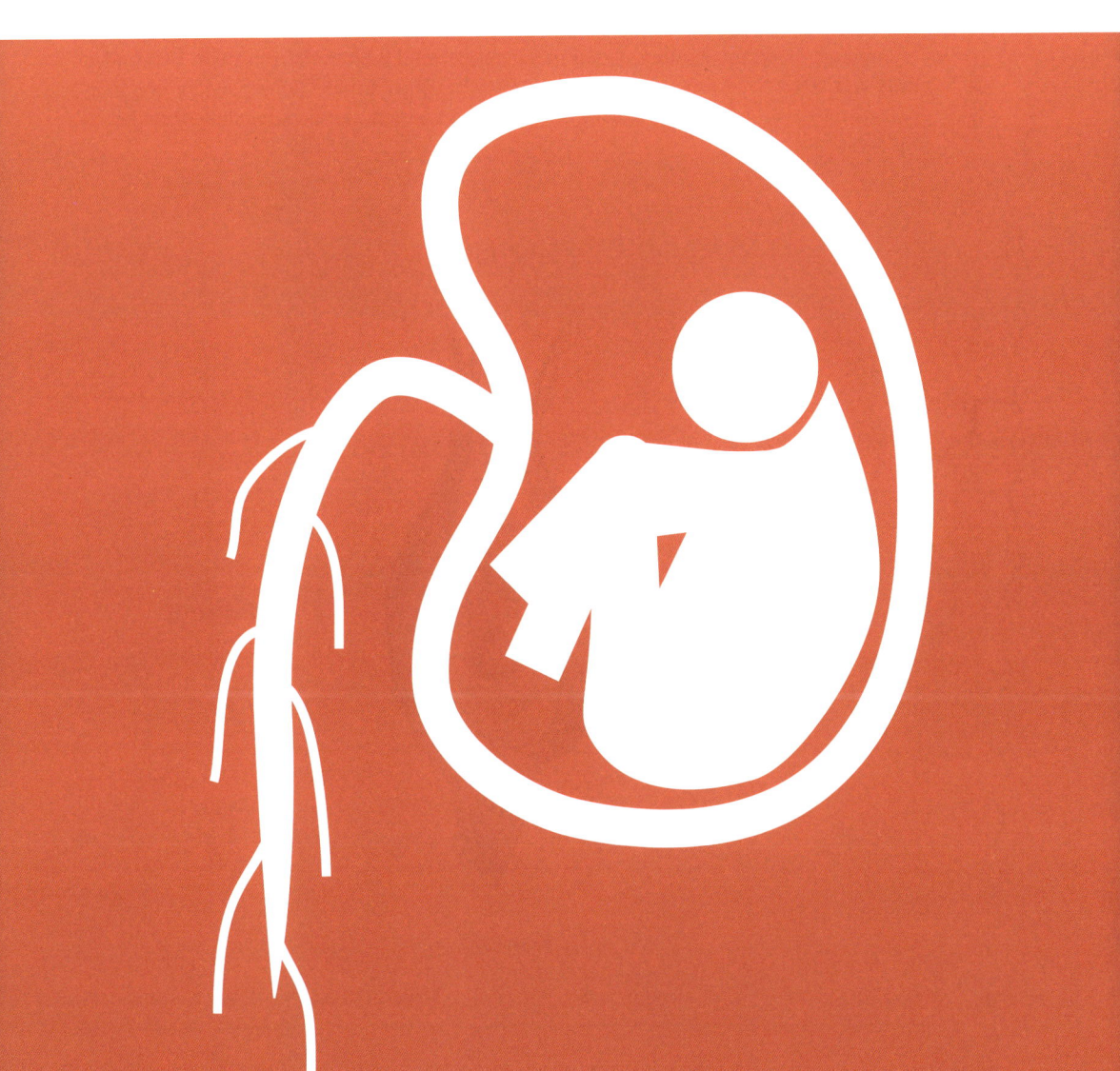

Ich habe nicht immer nur für die Polizei gearbeitet und war nicht immer nur Psychotherapeut. Ich habe ursprünglich ein Theologie-Studium absolviert und dort gibt es ein sehr schönes Bild, wenn man sich die Frage stellt *„Wie schickt uns der liebe Gott eigentlich auf die Welt, wie sieht es aus mit dem Samenkorn Mensch?"*. Dann sehen wir auf dieser Abbildung die vier Dinge, die wir als Menschen bei unserer Geburt mit *auf* diese Welt bringen und wir müssen immer bedenken, dass wir auf dieser Welt, aber nicht *von* dieser Welt sind. Wir bringen also unseren Körper, unsere sieben Sinne und Leistung mit. Leistung ist uns angeboren, als Menschen wollen wir ein Leben lang gefordert und gefördert werden; Leistung ist also ein Grundprinzip menschlichen Lebens und grundsätzlicher Entwicklung im Leben. Weiterhin bringen wir Kontakt mit, d. h. also, dass wir als Menschen in erster Linie Sexualwesen und erst dann Sozialwesen sind. Sexualwesen in erster Linie, weil wir Menschen nicht dafür bestimmt sind, alleine auf dem Planeten herumzulaufen, sondern so ausgerichtet, dass wir mit anderen Menschen in Partnerschaft, in Familie, in Gemeinschaft leben. Als Viertes bringen wir unsere Fantasie und unsere Zukunft mit auf die Welt. Hier spielen also unsere Lebensentwürfe, unsere Fantasien eine ganz wichtige Rolle, unsere Pläne, unsere Gedanken, die eingangs erwähnt wurden. Auch hier ist eine unglaubliche Kraftquelle begründet. Diese vier Bereiche halten sich im Gleichgewicht. Wird dieses Gleichgewicht von Körper, Leistung, Kontakt und Fantasie gestört, dann können vier verschiedene Reaktionsfolgen eintreten.

Körper/Sinne

Fantasie/Zukunft

Leistung

Kontakt

Flucht in die Krankheit

Flucht in die Leistung

Flucht in die Fantasie

Flucht in die Einsamkeit oder Gesselligkeit

Das Balance-Modell

Eine Möglichkeit ist die Flucht in die Krankheit, um dadurch anderen wichtigen Bereichen des Lebens zu entgehen. Ein Ehepaar, das den „30-jährigen Krieg" in der Ehe führt, kann sehr unglücklich werden, und einer der beiden kann sich dann in die Krankheit flüchten. Es gibt viele Menschen, die manchmal ein Leben lang vor sich hin kränkeln, sie chronifizieren, sie schützen sich durch die Krankheit, um andere wichtige Dinge im Leben dann nicht entscheiden zu müssen. Flucht in die Krankheit bedeutet also nichts anderes, als dass Menschen manchmal in ihrem Leben privat oder beruflich sehr unzufrieden sind. Sie vermeiden aber, eine Beziehung zu klären, sie vermeiden, wichtige Entscheidungen für sich selbst zu treffen. Sie bleiben in Abhängigkeiten und flüchten sich dadurch in die Krankheit und bekommen darüber dann die Aufmerksamkeit und Zuwendung, die sie in einem anderen normal gesunden Zustand nicht erhalten haben.

Eine weitere Reaktionsform ist die Flucht in die Leistung. Hier finden wir sehr viele Menschen, die sich in ihre Arbeit stürzen; man bezeichnet sie auch als Workaholic oder so genannte Viel-Arbeiter. Menschen, die also viel arbeiten und lieber arbeiten als mit ihren Partnern, Freunden und Familien zusammen zu sein, sind oft auf der Flucht in die Einsamkeit oder Gesselligkeit.

Flucht in die Einsamkeit oder Gesselligkeit ist eine weitere Reaktionsform, die allerdings nicht gut für unsere Gesundheit ist. Auf der einen Seite wären wir dann wie Mutter Teresa (*„Ich bin für alle da, mein ganzes Leben lang, alle meine Grenzen zerfließen, Sie können mich jederzeit anrufen, Tag und Nacht …"*), auf der anderen Seite steht die Flucht in die Einsamkeit (*„ich wandere nach Alaska aus und lebe allein in einer Blockhütte"*). Beide Extreme sind nicht normal und auch nicht gesund für uns. Nähe und Distanz müssen sich im Leben abwechseln und im Gleichgewicht befinden, damit wir gesund bleiben. Es gibt Phasen, da brauchen wir andere Menschen, da brauchen wir die Gemeinschaft, aber es gibt auch Phasen, in denen wir uns ganz alleine um uns selber kümmern müssen, damit unsere Gesundheit erhalten bleibt.

Die vierte Reaktionsform, das ist die Flucht in die Fantasie. Hier finden wir alle bekannten ICD10-Diagnosen, d. h. also alle psychischen Erkrankungen, die Therapeuten diagnostizieren können, wobei man bedenken muss, dass jede psychische Störung immer eine Beziehungsstörung ist. Menschen, die sich also in Innenwelten zurückziehen, die Ängste, Depressionen, Persönlichkeitsveränderungen erleben, machen das in einigen Fällen als eine Flucht eben auch vor den Partnerschaften, vor den wichtigen Entscheidungen im Leben; und wenn ich mich in die Fantasie flüchte, dann brauch ich mich nicht mehr um das zu kümmern, was im Außenbereich ist.

Geduld bringt Rosen – Ungeduld bringt Neurosen.

Das bedeutet nichts anderes, als dass wir manchmal sehr ungeduldig werden, wenn die Dinge nicht so laufen, wie wir es gewohnt sind. Wenn das Leben eine andere Richtung bekommt als wir wollen, dann werden wir ungeduldig, wir möchten, dass alles wieder sofort so ist, wie es gestern noch war, aber oft liegt das nicht in unserer Hand. Wir haben manchmal keinen Einfluss darauf und dann muss man einfach die Nerven behalten, man muss darauf vertrauen, dass die Dinge sich wieder erholen werden, und dann muss man Ruhe und Abstand bewahren, um dem Körper die Gelegenheit zu geben, die natürlichen Selbstheilungsmechanismen wieder in Gang zu setzen. Werde ich ungeduldig, dann führt das am Ende nur zu Neurosen und neurotischen Entwicklungen. Das bedeutet, dass wir immer gleichförmig mit einem Reaktionsmuster auf unterschiedliche Lebens- und Begegnungssituationen reagieren. Einen Fluss kann man nicht anschieben, der fließt von ganz alleine und das bedeutet, dass auch schwierige Zeiten im Leben manchmal selbstverständlich sind.

> **„Geduld ist nicht passiv. Im Gegenteil, sie ist konzentrierte Stärke".**
> Bruce Lee (1940-1973), amerikanischer Schauspieler und Kampfkunstexperte

Bei der Frage nach Gesundheit und Bewältigung von belastenden Lebensereignissen sind wir oft auf die Hilfe anderer Menschen angewiesen und das Wort, das uns hilft, das können wir uns manchmal nicht alleine zusprechen, von daher ist jeder Gesundheitsverlauf immer auch in Abhängigkeit zu anderen Menschen zu sehen und oftmals ist es nichts anderes als ein Führungsprozess, den wir aus anderen Situationen im Beruf möglicherweise oder auch im Privatleben kennen. Bei der Frage, wer Menschen am besten führen kann, gerät man in unterschiedlichste Bereiche und wird natürlich auch unweigerlich immer mit Themen rund um die Familie, um Pädagogen, um Lehrer oder auch Führungskräfte konfrontiert. Die freie Universität Amsterdam hat sich vor vielen Jahren einmal mit der Genie-Forschung beschäftigt. Es wurde untersucht, ob die so genannten Genies wie wir sie alle kennen, wie Beethoven, Mozart, Einstein, etwa eine

Gemeinsamkeit haben. Die Forschung hat hervorgebracht, dass alle diese Genies in ihrem Leben immer zwei Lehrerinnen oder zwei Lehrer hatten. Der erste Lehrer war immer jemand, der die Liebe zum Objekt vermittelt hat: *„Spiel schlecht Geige, aber spiel mit Begeisterung!"*. Am Anfang ist es wichtig, dass wir alles, was wir tun, immer mit einer unglaublichen Begeisterung tun. Der zweite Lehrer kam zu einem späteren Zeitpunkt im Leben und war immer jemand, der auf absolute technische Perfektion geachtet hat. Somit verbinden sich die Liebe zu einer Tätigkeit mit technischer Perfektion und es werden geniale Fähigkeiten freigesetzt. Das Ganze sollte man nicht nur in der Erziehung von Kindern berücksichtigen, sondern auch in der Begleitung und Führung von Menschen: Immer dann, wenn sie etwas Neues lernen, sollen sie am Anfang Spaß und Freude zu der Tätigkeit entwickeln. Erst wesentlich später sollte dann auf technische Perfektion geachtet werden. D. h. am Anfang soll man Mut sowohl zu eigenen Fehlern als auch zur eigenen Dummheit haben, aber es ist wichtig, Spaß und Freude an der Tätigkeit zu haben.

Wer kann Menschen am besten führen?

Bei der Beantwortung dieser Frage landet man in einem Bereich, der viele Menschen möglicherweise überraschen wird, denn wer Menschen am besten führen kann, das ist der Blindenführhund.

54

55

Blindenführhunde haben sehr viele Charaktereigenschaften, von denen sich so mancher Pädagoge, manche Eltern oder auch Führungskräfte eine dicke Scheibe abschneiden könnten. Blindenführhunde sind sehr empathisch, sie müssen sehr einfühlsam sein. Aber eine der wichtigsten Charaktereigenschaften, über die sie verfügen müssen, nennt man intelligenten Ungehorsam. Intelligenter Ungehorsam bedeutet, dass sich ein Blindenführhund einer konkreten Anordnung widersetzen muss, um für Sicherheit zu sorgen, denn wenn Herrchen zum Beispiel sagt *„Bring mich über die Straße"* und in dem Augenblick ein Bus kommt, würde Herrchen unter den Bus geraten. Hier muss sich der Blindenführhund bewusst der Anordnung widersetzen, um die Gesundheit zu schützen. Für uns Menschen bedeutet das, dass wir uns immer unsere eigenen Gedanken machen sollten, eigene Ressourcen und Potentiale nutzen sollen, um gesund zu bleiben oder die Gesundheit wiederherzustellen. Es gibt ein sehr schönes Zitat von Gregory Bateson (*„Ökologie des Geistes"*), der sagte *„Ich kannte einmal einen kleinen Jungen in England, der fragte seinen Vater ‚Du Papa, sag mal, wissen Väter immer mehr als ihre Kinder?' und der Vater überlegte eine Weile und sage ‚Ja, Väter wissen immer mehr als ihre Kinder.' Darauf hin fragte ihn der Sohn: ‚Papa, wer hat eigentlich die Dampfmaschine erfunden?' Der Vater überlegte eine Weile und antwortete dann: ‚James Watt.' Darauf hin fragte der Sohn ‚Wenn Väter immer mehr wissen als ihre Kinder, warum hat sie nicht der Vater von James Watt erfunden?'"* Hier wird sehr schön deutlich, dass die Entwicklung von Kreativität immer und auch nur dann möglich ist, wenn wir uns eigene Gedanken machen, wenn wir unsere eigenen Potenziale und eigenen Talente nutzen. Das Gleiche gilt für uns Menschen auch immer dann, wenn wir in einer schwierigen Lebenssituation sind. Wo wir gerade beim Management und bei Führungsprozessen sind, möchte ich noch auf eine der beliebtesten Techniken in diesem Zusammenhang hinweisen.

Aal-Technik

Kennen Sie die Aal-Technik? Diese hat nichts mit dem schlangenförmigen Fisch zu tun, sondern steht im modernen Management als Abkürzung für:

Andere arbeiten lassen

Dies ist eine vielen Menschen vertraute Strategie im Arbeitsleben, die dann auch zu Überforderungen und einer ganzen Reihe von Störungen führt kann.

Arbeiten macht müde

Dieser Satz erfolgt in Anlehnung an die Forschungsergebnisse von Jörg Fengler (*„helfen macht müde"*). *„Arbeiten macht müde"* bedeutet, dass Menschen, die berufstätig und hohen Belastungen im Arbeitsalltag ausgesetzt sind, spätestens nach fünf Jahren Berufstätigkeit selbst auf einen akuten Erschöpfungszustand hinsteuern und dadurch die Gesundheit ernsthaft in Gefahr gerät. Aus diesem Grund ist es wichtig, dass wir immer ausreichend Pausen und Möglichkeiten zur Erholung achten, um letztendlich auch unsere Gesundheit zu schützen. Es gab früher das bekannte Sabbatjahr, welches nicht nur für helfende Berufe galt: nach 5 Jahren Berufstätigkeit hatte man die Möglichkeit, für ein Jahr beurlaubt zu werden, Bezüge wurden dabei weiter gezahlt, man hatte lediglich die Auflage, sich weiterzubilden und auszuruhen. Man muss kein Experte sein, um sich vorzustellen, dass man nach einem Jahr Erholung und Weiterbildung hoch

motiviert wieder zurück in die Arbeit kommt und darüber hinaus eine hohe Leistungsbereitschaft und hohe Leistungsfähigkeit zeigt. Glücklicherweise gibt es gegenwärtig
immer mehr Unternehmen, die dieses Thema wieder aufgreifen: Das Arbeitszeitmo-
dell „Sabbatical", auch Sabbatjahr genannt, beschreibt Teilzeitarbeit oder ein Jahr der
Auszeit. Mitarbeiterinnen und Mitarbeiter haben dabei die Möglichkeit sich, teilweise
bezahlt, teilweise unbezahlt, Freizeiten und Freiräume zu nehmen, um sich zu erholen,
wieder Kräfte zu sammeln und danach hoch motiviert wieder in die Arbeit einzustei-
gen. Wenn Menschen permanent arbeiten und immer nur Belastungen ausgesetzt sind,
dann ermüden und erschöpfen sie. Man kann das mit einem Gummiring vergleichen:
Wenn ich einen Gummiring über Nacht aufspanne, dann ist dieser am nächsten Morgen
völlig erschlafft und ich kann nichts mehr mit diesem anfangen, während ein Gummiring, der gedehnt wird und sich wieder zusammenzieht, über viele Jahre die Elastizität
beibehält. Anspannung und Entspannung müssen sich also immer im Gleichgewicht
befinden und das Gleiche gilt auch für den Menschen, d. h. je größer die Belastungen
des Arbeitsalltages oder der Erlebnisse im Leben sind, desto wichtiger sind auch die
Erholungsphasen.

Immer Alarm wenn:
Menschen und Arbeit mich aggressiv machen oder
Menschen und Arbeit mir völlig gleichgültig sind.

Um das zu erkennen und zu unterscheiden haben wir ein menschliches Frühwarnsystem: unseren Körper. Er ist das kleinste kontrollierbare Handlungsfeld eines Menschen.
Unser Körper ist ein hoch intelligentes Wesen und gibt Alarm, wenn das innere Gleichgewicht durcheinander gerät und das Immunsystem geschwächt ist.

Menschliches Frühwarnsystem

Jeder Mensch verfügt über ein Frühwarnsystem, welches Alarm gibt, sobald die Gesundheit in Gefahr gerät.

Angst-Aggressions-Komplex

Der wichtigste Teil im menschlichen Frühwarnsystem ist die Angst. Angst ist untrenn-
bar gekoppelt an Aggression, man spricht von einem so genannten Angst-Aggressi-
ons-Komplex. Menschen, die im Inneren sehr ängstlich sind, sind nach Außen hin oft
aggressiv. Das können körperliche Aggressionen sein, aber auch sprachliche. Ironie,
Zynismus und Sarkasmus sind gebrochene Formen von Aggression. Das bedeutet also,
dass Menschen, die ironisch, zynisch oder sarkastisch sind, unterschwellig oft aggressive Menschen sind. Umgekehrt sind Menschen, die nach außen hin sehr ängstlich und
unsicher sind, im Inneren oft gehemmt aggressive Menschen, die eine Beißhemmung
haben oder einen Wutstau in sich tragen. Sie träumen oft davon, mal richtig mit der
Faust auf den Tisch zu hauen oder endlich einmal die Kontrolle über ihre Gefühle auf-
zugeben. Weil sie es sich aber noch nicht einmal trauen zu denken, entwickeln sie nach
außen hin diese massiven Ängste oder Unsicherheiten. Ich habe im Laufe der Jahre eine
eigene Definition für Angst entwickelt.

„Angst ist, wenn ich in der Badewanne liege und
meine Frau föhnt sich die Haare".

Vielleicht können Sie nachempfinden, was ich jetzt mit Angst meine.
Wenn ich Angst als Tier beschreiben müsste, würde ich sagen, es ist ein Chamäleon.

Angst ist wie ein Chamäleon

- vielfältig
- wandelbar
- nachahmungsfähig
- oft schwer zu bestimmen
- in Größe und Form altersabhängig
- kann sich jeder Umgebung anpassen
- kann gleichzeitig (Gegenwart)
  nach vorne (Zukunft)
  und hinten (Vergangenheit)
  blicken

Der Mensch ist ein
Leib-
Seele-
Geist-
Organismus

Ich möchte im Weiteren darauf eingehen, welches Menschenbild wir in der Psychotherapie vertreten. Es gibt in allen Kulturen unterschiedliche Bilder, wie der Mensch betrachtet werden kann. Wir gehen von einem so genannten ganzheitlichen Menschenbild aus, d. h. also der Mensch wird als ein Leib-, Seele- und Geist-Organismus betrachtet. Der Leib, d. h. der Körper, spiegelt die Art und Weise wider, wie wir uns bewegen, wie wir uns ernähren, wie wir uns pflegen und ausruhen. Damit ist unser Körper ein ganz wichtiger Bestandteil unserer Identität und auch unseres Selbstwertgefühls. Unser Selbstwertgefühl kann immer dann in Mitleidenschaft gezogen werden, wenn sich unser Körper verändert, wenn wir Verletzungen, Störungen, Kränkungen oder Demütigungen erleiden. Der Körper, so sagt man in der Psychotherapie, ist gelebte Zeit.

Der zweite Teil des Menschenbildes ist die Seele, Animus und Anima (C.G. Jung). Es gibt eine männliche und eine weibliche Seite der Seele. Die Seele ist in der Psychotherapie zum einen Träger der bewussten Erinnerungen, d. h. all dessen, was wir mit brennendem Interesse aufgenommen haben, was uns geprägt hat und was der Körper einmal gelernt hat. Zum anderen ist Seele der Abdruck, den die Welt in einem Menschen hinterlassen hat, was man vor allen Dingen im Gesicht eines Menschen sehr deutlich erkennen kann. Dritter Teil des Menschenbildes ist der Geist. Mit *„Geist"* bezeichnen wir Intelligenz im wahrsten Sinne des Wortes. Intelligenz aus dem Lateinischen übersetzt bedeutet *„Einsichtsvermögen"* und wird definiert als die Fähigkeit, Probleme zu lösen und neue Probleme zu schaffen. Menschen, die ein hohes Problemlösungsverhalten haben und dadurch, dass sie Probleme lösen, neue Probleme, neue Fragestellungen aufwerfen, sind als sehr intelligent zu bezeichnen. Für mich ist es eines der größten Rätsel der Gegenwart, warum die Erkenntnisse der Intelligenzforschung heute immer noch keinen flächendeckenden Einzug in die Bildungseinrichtungen, Familien und Schulen gefunden haben. Erkenntnisse, die z. B. zurückgehen auf Howard Gardner mit seinem Buch „Abschied vom IQ" (Gardner, H.: Abschied vom IQ, Stuttgart: Klett-Cotta 1991). Gardner war einer der ersten Wissenschaftler, die nachgewiesen haben, dass wir Menschen nicht nur über eine Intelligenz verfügen, sondern über sieben verschiedene Intelligenzen, die sich auch in unterschiedlichen Bereichen des Gehirns lokalisieren lassen. Wir haben als Menschen nicht nur eine sprachliche und logisch-mathematische Intelligenz, sondern auch eine musikalische Intelligenz, eine räumliche Intelligenz, körperliche Bewegungsintelligenz, personale/soziale und emotionale Intelligenz. Erst das Zusammenwirken dieser verschiedenen Intelligenzen macht am Ende die Intelligenz, das Einsichtsvermögen, das Problemlösungsverhalten eines Menschen deutlich. D. h., dass viele der bekannten Intelligenztests sehr ein- oder zweidimensional sind und wenig über die wirkliche Intelligenz eines Menschen aussagen. Wenn eine Mutter sagt: *„Mein Kind hat einen IQ von 90"*, dann ist das alles andere als besorgniserregend, man kann dann ganz gelassen bleiben, weil bei den meisten Tests eben nicht die übrigen Intelligenzen getestet werden. Daher ist es wichtig, sich hier zu öffnen und vielleicht auch einmal den Blick über den Tellerrand hinaus zu richten und Erkenntnisse stärker einzubeziehen. Bewegungsintelligenz bedeutet z. B., dass es Menschen gibt, die eine Bewegung sehen, vielleicht eine sportliche Bewegung oder eine Tanzbewegung, die sie sofort imitieren, sofort nachmachen können, während andere Menschen diesen Bewegungsablauf niemals erlernen werden, egal in wie viele kleine Schritte man diesen unterteilen würde. Andere Menschen können ohne irgendeine Note zu lesen, eine Melodie, die sie gehört haben, auf einem Instrument sofort nachspielen, weil sie eine sehr hohe musikalische Intelligenz haben. So gibt es zahlreiche Beispiele dafür, dass Intelligenz wesentlich mehr ist als mathematisches Wissen. Die Frage ist mittlerweile in der Wissenschaft auch beantwortet: *„Was ist wichtiger Intelligenz oder Wissen?"* – Die Antwortet lautet:

Wissen ist wichtiger als Intelligenz.

Das mag jetzt zunächst erst einmal wie ein Widerspruch klingen, aber über die Förderung und Unterstützung der unterschiedlichen Intelligenzformen vermittelt man einem Kind oder einem erwachsenen Menschen Wissen und je größer das Wissen, je größer der Erfahrungsspielraum ist, um so größer ist am Ende auch das Problemlösungsverhalten und damit die Intelligenz eines Menschen. Wissen kommt also vor Intelligenz.

Am Ende des Menschenbildes steht der Begriff des Organismus, denn Menschen sind lebende Organismen und vielleicht erinnern Sie sich ja noch an Ihren Biologieunterricht, wenn der Lehrer fragte *„Was ist die kleinste bekannte Lebensform?"*, dann schallte es wie aus einem Mund: *„Die Zelle!"*

> *„Das Leben beginnt auf alle Fälle, in einer Zelle.*
> *Doch manchmal endet´s auch – bei Strolchen – in einer solchen".*
>
> Heinz Erhardt

Der menschliche Körper besteht aus einer Vielzahl von Zellen und da jede Zelle des menschlichen Körpers grundsätzlich in der Lage ist, dass eigene Energie-Gleichgewicht wieder herzustellen, gilt das auch für den gesamten Organismus. Wir können uns als Menschen nach belastenden Lebensereignissen prinzipiell von ganz alleine wieder ins Gleichgewicht bringen, vorausgesetzt wir haben genügend Zeit, Ruhe und Abstand, damit die natürlichen Selbstheilungsprozesse in Gang gesetzt werden können.

Heilung wird vor allem durch die Richtung bestimmt, nicht durch die Geschwindigkeit.

Selbstheilung wird in manchen Bereichen über alte genetische Informationen gesteuert. Wenn wir im Leben nichts dazulernen und verändern würden, dann würde unser komplettes Verhalten und Handeln durch den so genannten Egoismus der Gene bestimmt.

Egoismus der Gene

Egoismus der Gene ist ein Begriff, der auf Richard Dawkins zurückgeht (The Selfish Gene. Oxford University Press 2006) und bedeutet, dass jeder Mensch eine grundlegende genetische Information in sich trägt, die durch vier Regeln bestimmt wird:

Regel 1: **Sei nett zu allem Nahestehenden**. Das bedeutet, dass ich alles, was mir vertraut, bekannt und sympathisch ist, auch erst einmal sehr freundlich behandele.

Regel 2: **Sei gemein zu allem Fernstehenden**. Das bedeutet also, alles, was ich nicht kenne und mir nicht vertraut ist, das behandele ich erst einmal sehr misstrauisch und sehr argwöhnisch. Das findet z. B. Ausdruck in dem Sprichwort *„Was der Bauer nicht kennt, das frisst er nicht"*.

Regel 3: Sie stammt aus der Spieltheorie, die lautet: **Wie du mir, so ich dir!** – so wie ich in den Wald rufe, so schallt es auch heraus. Und hier spielen die Entdeckung, die Bedeutung der Spiegelneuronen sicherlich eine ganz zentrale Bedeutung. Hier können eingefügt werden noch Erkenntnisse der Spiegelneurone, d. h. also warum ich fühle, was du fühlst.

Regel 4: Sie ist die wichtigste Regel im Egoismus der Gene und lautet: **Betrüge, wo du nur kannst**. Jetzt werden einige Menschen behaupten *„Nein, bei mir stimmt das nicht"*, aber dennoch liegt diese genetische Information jedem Menschen inne. Wenn wir z. B. in einem Supermarkt stehen und bemerken, dass die Kassiererin zu viel Wechselgeld ausgezahlt hat, dann kann es sein, dass uns ein Impuls durchzuckt, dieses Geld in der Hoffnung einzustecken, dass sie es nicht bemerkt – das ist *„Betrüge, wo du nur kannst"*.

Oder stellen Sie sich vor, Sie sind mit Ihrem Auto auf der Straße unterwegs, am Straßenrand sehen Sie die Geschwindigkeitsvorschläge und überlegen dann, ob Sie sich an diesen Geschwindigkeitsvorschlag halten oder nicht. In der Regel brechen viele Menschen diese Regel und auch das erfolgt vor dem Hintergrund „Betrüge, wo du nur kannst" und es gibt eine Vielzahl von Beispielen, in dem sich „Betrüge, wo du nur kannst" widerspiegelt dadurch, dass wir körperliche und seelische Verletzungen vermeiden.

Entwicklungskrisen

Der Begriff *„Krise"* wird umgangssprachlich meist negativ verwendet, weil viele Menschen mit dem Wort *„Krise"* unangenehme Situationen verbinden. Allerdings ist der Begriff therapeutisch ein völlig neutraler, *„Krise"* heißt nichts anderes als eine Phase der Entwicklung, Wandlung und Veränderung. Es muss nicht unbedingt schlecht sein, wenn man sich entwickelt und wandelt.

> *„Was die Raupe das Ende der Welt nennt,*
> *nennt der Rest der Welt Schmetterling!"*
>
> Laotse

In der Therapie spricht man von der Biografie-Arbeit: Unser Leben entwickelt sich in Jahrsiebten, d.h. alle sieben Jahre durchlaufen wir Menschen tief greifende körperliche und seelische Veränderungsprozesse. Jede Entwicklungsphase ist immer mit einem bestimmten Entwicklungsthema verbunden und der Übergang von einer Stufe in die nächste wird immer durch so genannte Übergangsobjekte begleitet. Das können Spielsachen sein, ein Pullover oder andere materielle Dinge.

Entwicklungskrisen bedeutet, dass sich unser Leben und damit auch die vorhin schon erwähnten Ressourcen, Potentiale oder Talente eben gerade in diesen manchmal auch sehr schwierigen Entwicklungskrisen entwickeln. Die Entwicklungskrisen, die Menschen durchlaufen, sind sehr vielfältig. Wir durchlaufen viele hunderte Identitäts-, Autoritäts- oder Sexualitätskrisen, aber es gibt zehn Entwicklungsstufen, die bei allen Menschen gleich sind: Zuerst ist dort die Geburtskrise. Neun Monate lang war alles dunkel, warm, feucht, wir hatten alles, was wir für unsere Entwicklung brauchten. Dies bezeichnet man auch als den *„paradiesischen Zustand"*. Nach neun Monaten kommt dann der erste tiefe Einschnitt, es ist hell, es ist kalt, es ist trocken, es ist laut – das ist die so genannte Geburtskrise, die als erste große Entwicklung bewusst erlebt wird. Als zweites schließt sich die so genannte Abstillkrise an. Abstillkrise bedeutet, dass unsere Bedürfnisse nicht unmittelbar und sofort erfüllt werden, sondern wir auf uns aufmerksam machen müssen, (*„Mama Hunger", „Mama Arm"*) wir von der Mutter oder anderen Bezugspersonen abhängig sind, die maßgeblich verantwortlich sind, ob und wann unsere Grundbedürfnisse erfüllt werden.

Daran schließt sich die Hänschen-Klein-Krise an. Diese beschreibt nichts anderes als die Entwicklung von Vertrauen, von Sicherheit und auch Freiheit. Umgangssprachlich spricht man im Zusammenhang mit dieser Entwicklungskrise auch von dem so genannten *„Fremdeln"*, d. h. Kinder genießen und erleben das Gefühl von Freiheit, sich von den Eltern zu lösen und in den freien Raum hinein zu laufen, bekommen dann aber plötzlich Angst vor diesem neu gewonnenen Gefühl und kommen zurückgelaufen, suchen einmal ganz kurz die Hand der Mutter, oder klammern sich fest an das Bein des Vaters und dann beginnt dieses Wechselspiel von Nähe und Distanz wieder, indem sich das Gefühl von Vertrauen und auch Freiheit entwickelt. Hänschen-Klein-Krise bedeutet auch, dass die so genannte Ich-Entwicklung abgeschlossen ist, sich ein Kind also selbst als eigenständige Person wahrnimmt und sich das erste Mal bewusst von der Mutter ablöst.

Diese Entwicklung findet etwa um das 3. oder 4. Lebensjahr statt und kann sprachlich sehr schön festgestellt werden, da dies der Zeitpunkt ist, an dem ein Kind über sich selbst nicht mehr mit dem eigenen Namen spricht, also sagt *„Christian möchte noch ein Wasser"*, sondern *„ich will"*. In dem Moment, in dem ein Kind sagt *„Ich will"* klopft es oft mit der flachen Hand auf den Brustkorb, es weiß *„Ich bin ich, andere sind andere, ich höre hier auf, dort fängt ein anderer Mensch an"*. Gleichzeitig erfolgt in dieser Ich-Entwicklung die Beherrschung des Schließmuskels, d. h. Kinder werden, wie man so schön sagt, *„trocken"*. Sie machen nun im wahrsten Sinne des Wortes, was sie wollen, und nicht, was die Eltern wollen. In dieser Phase entwickeln sich auch Themen wie Schuld und Zweifel.

Hänschen-Klein-Krise bedeutet auch, dass es das erste Mal ist, dass Kinder sich weiter von der Mutter ablösen müssen und das ganze gestaltet sich manchmal als sehr schwierig. Kinder lieben immer ihre Eltern, egal wie die Eltern sind, Kinder lieben IMMER ihre Eltern. Jemand, den ich lieb habe, von dem kann ich mich aber nicht lösen. Jemanden, der mich aber abends ins Bett schickt oder sagt *„Räum dein Zimmer auf"*, den finde ich doof und jemand, den ich doof finde, von dem kann ich mich sehr leicht lösen. Das ist der Grund, warum Kinder in dieser Entwicklungsphase beginnen zu trotzen. Kinder müssen ihre Eltern bewusst verletzen, im besten Fall auf die Palme oder bis zur Weißglut treiben, d. h. also sehr starke emotionale Reaktionen bei Eltern provozieren, dass die Eltern komplett ausrasten und wenn die Eltern ausrasten, dann können sich die Kinder gefahrlos von Mama und Papa ablösen, ohne ein schlechtes Gewissen zu haben oder ohne Schuldgefühle zu haben.

Es schließen sich so genannte **Sozialisationskrisen** an, d. h. Entwicklungen, die eintreten, wenn wir in neue Gruppen von Menschen kommen, in den Kindergarten, in die Schule, die weiterführende Schule, die Berufsausbildung. Immer wenn wir mit neuen Menschen zusammenkommen, müssen wir uns zurechtfinden, wir müssen die Gruppensituation erfassen und müssen neue Regeln lernen. Dann schließt sich die **Pubertätskrise** als eine der stärksten und tiefgreifendsten Sexualitätsentwicklungen an. In der Pubertät entwickeln wir unsere Geschlechtsidentität, wir erleben, was wir eigentlich sind, Mann oder Frau oder vielleicht eine andere Spielform der Natur? Wir machen unsere ersten vier großen Lebensentwürfe: *Will ich alleine leben oder will ich mit einem anderen Menschen zusammenleben, will ich Kinder haben oder keine?* Die Frage der Sexualität wird geklärt. Zudem wird die Berufswahl zum ersten Mal überdacht.

Dann folgt die **Paarkrise**. Mit Paarkrise sind keine Ehestreitigkeiten gemeint, sondern der Zeitpunkt, an dem die Kinder das Elternhaus verlassen, ihr Leben erstmals alleine gestalten müssen und auch das zurückbleibende Ehepaar die Ehe oder Partnerschaft neu definieren muss nach dem Motto *„Was machen wir jetzt, wo die Kinder das Elternhaus verlassen haben?"*.

Im Anschluss folgt die so genannte **Midlife-Krise** (wissenschaftlich spricht man auch von **Plateau-Krise**). Der Begriff Midlife-Krise wurde in den 30er Jahren von Wissenschaftlern geprägt, weil man damals davon ausging, dass Menschen eine durchschnittliche Lebenserwartung von etwa 70 Jahren haben. Die ersten 35 Jahre benötigen wir, um uns zu entwickeln, zu verändern, unsere Rollen in der Gesellschaft zu finden und zu übernehmen und die zweiten 35 Jahre brauchen wir, um uns aus diesen Rollen wieder zurückzuziehen, zu verabschieden und zu sterben. Man war der Auffassung, dass genau in der Mitte des Lebens dieses Tal der tausend Tränen durchlaufen und damit eine sehr starke Krisensituation erlebt wird. Seit vielen Jahren weiß die Wissenschaft aber, dass diese Midlife-Krise nicht in der Mitte des Lebens, sondern zu jedem beliebigen Zeitpunkt auch mehrfach auftreten kann. Aus diesem Grunde wird besser von einer Plateau-Krise gesprochen. Ein *„Plateau"* ist eine Hochebene und in unserem Leben kommen wir ein- oder mehrmals auf eine solche Hochebene, von der aus wir unser Leben betrachten. Wir schauen auf unser Leben und überdenken unsere Selbstdefinition. *Ist das, was ich heute in meiner Partnerschaft und Ehe mache, das, was ich mir immer erträumt habe? Ist das, was ich in meinem Beruf mache, genau das, was ich mir vorgestellt habe? Ist das, was ich in meiner Freizeit mache, das, was ich mir gewünscht habe?* Und dann kann ein Mensch sagen, ich bin sehr zufrieden, ich bin sehr glücklich. Oder ich erlebe Situationen wie schon wieder eine Trennung, schon wieder eine Kündigung, schon wieder ein Misserfolgserlebnis und das kann dann bei dem Blick auf die mir verbleibende Lebenszeit Menschen in Gefühle dieser Hoffnungslosigkeit und tiefer Verzweiflung stürzen. Die Midlife- oder Plateau-Krise ist im Übrigen die Entwicklungsstufe, in der die meisten chronischen Erkrankungen sowohl bei Frauen als auch bei Männern entwickelt werden. Bei Männern und Frauen kann sich in dieser Midlife-Krise dann auch noch ein unterschiedliches Syndrom entwickeln. Bei Frauen entwickelt sich in der Midlife-Krise oft der **Aschenputtel-Komplex** oder das so genannte **Cinderella-Syndrom** und es bedeutet, dass Frauen ein Leben im gemütlichen Elend leben.

Leben im gemütlichen Elend

Frauen, die ein Leben im gemütlichen Elend oder ein Leben in stiller Verzweiflung führen, träumen davon, dass sich ihr Leben ändern müsste. Sie wollen ihr Leben von Grund auf verändern, aber die Entscheidungen dafür nicht selbst treffen. Stattdessen warten sie auf ein von außen kommendes Ereignis, das ihr Leben dann von Grund auf verändert, wie in dem Märchen von Aschenputtel bzw. Cinderella, in dem der Prinz an die Tür klopft und sagt *„Hier, das ist der Schuh, der passt, komm mit".* Dies ist eine Situation, in der man im Grunde genommen sehr verzweifelt ist und nicht die Entscheidungen trifft, die hilfreich wären, um das Leben positiv zu verändern. Bei Männern entwickelt sich in der Midlife-Krise das so genannte **Peter-Pan-Syndrom**. Darunter versteht man die Weigerung, erwachsen zu werden und in Würde zu altern.

Männer weigern sich erwachsen zu werden und in Würde zu altern

Wissenschaftler sind schon seit langem zu der Erkenntnis gelangt, dass Männer mehr Probleme mit dem Älterwerden haben als Frauen. Wenn Männern ihre eigene Sterblichkeit bewusst wird, etwa um das 35. Lebensjahr, sie merken, dass sie werden älter und reifer werden, dann fallen sie häufig auf frühkindliche Entwicklungsstufen zurück. Die Auffassung, sie könnten den Alterungsprozess aufhalten, führt dann teilweise zu Verhaltensänderungen (eine neue Frisur, völlig neue Kleidung, ein Tattoo, ein Piercing, ein Sportwagen). Viele Männer trennen sich aus langjährigen Partnerschaften, sie suchen sich deutlich jüngere Frauen, von denen sie weniger Siege zu befürchten haben, und so gibt es, wenn man in die Medien schaut, sehr viele Beispiele von bekannten Prominenten, bei denen die Frauen immer jünger werden und böse ausgedrückt könnte man sagen, die Inkanation des Peter-Pan-Syndroms ist Udo Jürgens, der eines seiner letzten Konzerte abgesagt hat, weil er gerne bei der Geburt des Kindes seiner neuen Freundin dabei sein wollte. Wenn Männer älter werden, bekommen sie es mit der Angst zu tun. Männer können nicht oder nur in wenigen Fällen in Würde altern und vor allen Dingen schaffen viele Männer es nicht, in Würde mit gleichaltrigen Frauen zu altern. Die nächste Entwicklungsstufe, die Menschen durchlaufen, sind so genannte Leiblichkeitskrisen. Leiblichkeitskrise bedeutet, dass es um Veränderungen mit dem Körper geht. Diese Art von Krise tritt spätestens im Alter auf, wenn wir gebrechlicher werden, wenn wir anfälliger werden, nicht mehr so belastbar sind. Leiblichkeitskrisen können aber auch in jüngeren Jahren eintreten, wie in dem erwähnten Beispiel bei starken Sportverletzungen oder bei schweren Unfällen, wo sich die körperliche Gesundheit verändert, wo wir eingeschränkt sind und manchmal Dinge, die uns zuvor wichtig waren, plötzlich nicht mehr durchführen können.

Es folgt der **Rentenschock**. Rentenschock ist die Phase, in der wir aus dem aktiven Berufsleben in die Freizeit entlassen werden und dann zeigt sich, wie Menschen gelernt haben, Liebe und Arbeit in Gleichklang zu bringen. Es gibt Studien, die belegen, dass ein Prozentsatz von Frauen und Männern, obwohl sie keinerlei erkennbare Risikofaktoren zeigten, etwa in einem Zeitraum von einem halben Jahr nach der Pensionierung versterben, weil sie offensichtlich diese Entwicklungsstufe nicht bewältigt haben, weil sie es in den Jahren vorher versäumt haben, sich ausreichend auf ihr Privatleben, auf ihre Partnerschaften, auf ihre Familien zu konzentrieren und die Arbeit einen deutlich größeren Raum eingenommen hat. Jetzt, wo die Arbeit nicht mehr da ist, fühlen sich diese Menschen weniger wertvoll und ihr Leben wird plötzlich sinnlos und das kann dazu führen, dass Menschen in dieser Phase versterben. Zu dem Rentenschock gibt es einen sehr schönen Film mit Loriot, *„Pappa ante Portas"*, besser kann man im Grunde genommen das Phänomen Rentenschock nicht beschreiben. Es folgt nach dem Rentenschock das **Sterben** – zunächst erst einmal letzte bekannte Entwicklungsstufe und hier schließt sich dann der Kreislauf. Das Leben ist ein Kreis und alles beginnt wieder von vorn. In diesen gerade beschriebenen Entwicklungskrisen und Entwicklungsstufen, die ja nicht immer nur lustig gewesen sind, sondern oft mit den erwähnten Kränkungen, Demütigungen und Verletzungen einher gegangen sind und oft sehr schwierig gewesen sind, haben wir als Menschen unsere Überlebens- und Entwicklungsstrategien entwickelt, in denen wir unsere Potenziale, Kräfte und Talente entfaltet haben, die uns dann auch helfen können, mit einem erneuten schwierigen Lebensereignis zurecht zu kommen, dabei ist es ganz wichtig, sich daran zu erinnern *„Wie habe ich das denn damals geschafft? Wie habe ich diese Krisensituation überwunden? Wie bin ich dort gereift? Was hat dazu beigetragen, dass ich am Ende gestärkt aus dieser Entwicklungskrise hervorgegangen bin?"*

Akute Nervenkrisen

Akute Nervenkrisen sind laut Duden nicht nur krisenhafte Schmerzen, sondern beschreiben vor allem eine Phase, in der man auf ein Lebensereignis seelisch heftig reagiert. Akute Nervenkrise ist eine umgangssprachliche Bezeichnung für eine Vielzahl von emotionalen Stresssituationen: Angst, Schrecken, Ergriffenheit, Betroffenheit, Grauen, Schock, Stoß, Entsetzen, Fassungslosigkeit, Panik, Nervenerschütterung, Rührung, Erschrockenheit, Bestürzung, Nervenkrise, Trauma. Im Laufe des Lebens und im Zusammenhang mit den einzelnen Entwicklungsstufen können Menschen unterschiedlichem emotionalen Stress ausgesetzt sein, ausgelöst durch Konflikte, durch Beziehungsstörungen, durch Überlastungen, Überforderungen bei der Arbeit oder in anderen lebensgeschichtlichen Zusammenhängen. Emotionaler Stress kann aber auch ausgelöst werden durch unterschiedliche belastende Lebensereignisse.

Schock und emotionaler Stress

Schock und emotionaler Stress können vor allem dann ausgelöst werden, wenn wir in Situationen geraten, die plötzlich unvorhergesehen über uns hereinbrechen, wenn wir uns in Situationen wiederfinden, die weit außerhalb der sonst üblichen Erfahrungsbereiche liegen.

Weltweit führende Universitäten haben Situationen untersucht, die emotionalen Stress auslösen können. Hierzu zählen belastende Arbeitssituationen, Schusswaffengebrauch, Überfälle, Raubüberfälle, Naturkatastrophen, schwere Verkehrsunfälle, Kündigungen, Gewaltverbrechen, schwere Erkrankungen, Einbrüche oder auch Mobbing und Stalking. All diese Ereignisse sind nur eine kleine Auswahl von Situationen, die in manchen Fällen zu einem Trauma führen können, erwähnenswert und besonders hervorzuheben sind die Naturkatastrophen. Bei diesen können Menschen genau das gleiche Leid, genau das gleiche Schicksal erleben, wie Menschen bei Gewaltereignissen, sie können ihre geliebten Menschen verlieren, sie können Haus und Hof verlieren, alles ändert sich, nichts ist mehr so, wie es vorher einmal war, und dennoch werden bei Naturkatastrophen Menschen nur in den seltensten Fällen psychisch krank. Nur etwa 2 % aller Opfer aus Naturkatastrophen entwickeln so z. B. sogenannte posttraumatische Belastungsstörungen. Die Ursache, warum Menschen nach Naturkatastrophen nur in den seltensten Fällen schwere Krankheiten entwickeln, besteht darin, dass die Ursache für das Ereignis der Natur zugeschrieben wird. Die Natur war Schuld und es fehlt die Sinnlosigkeit der Tat. Die Sinnlosigkeit der Tat macht aber alle anderen genannten Ereignisse erst wirklich zu einem traumatischen Erlebnis. Das ist es, was ein solches Ereignis am Ende dann besonders schlimm und dramatisch macht.

Hierbei gilt es auch, auf das Phänomen der so genannten sekundären Traumatisierung zu achten, d. h. also Menschen können nicht nur als direkt Betroffene schwer traumatisiert werden, sondern auch als Helfer, Augenzeugen, Angehörige. Man denke an Feuerwehrleute, die z. B. bei Zugunglücken eine Babyleiche finden, die dem eigenen Enkelkind sehr ähnlich sieht. Das kann zu einer eigenen Traumatisierung führen.

Bei den genannten Ereignissen, die Schock und emotionalen Stress auslösen können, ist auch noch bemerkenswert das Thema Mobbing und Stalking. Hierbei muss man sehr vorsichtig sein, weil, ähnlich wie bei dem Thema Trauma, auch Mobbing und Stalking in vielen Bereichen nur als eine Art Mode-Diagnose gebraucht wird. Die Forschung zeigt, dass bei Mobbing nur etwa 7 % der Menschen tatsächlich gemobbt werden, während es sich in den übrigen Fällen um so genannte Arbeitsplatz-Unverträglichkeiten handelt. In den Fällen, wo Männer wie Frauen aber von ihren Kollegen gemobbt werden, können sie genau die gleichen Symptome und belastenden Reaktionen zeigen, wie Opfer aus Gewalttaten. Emotionaler Stress kann im schlimmsten Fall zu einem so genannten Trauma führen.

Trauma, das ist das griechische Wort für Wunde und wurde ursprünglich von Chirurgen bei der Beschreibung von einer Schnittverletzung im Deutschen benutzt. Eine Schnittverletzung ist ein Trauma. Sie kann sehr weh tun, aber sie heilt, wenn sie fachgerecht behandelt wird, d. h. wenn die Wunde gereinigt und desinfiziert wird, dann abgedeckt und Ruhe und Abstand bewahrt wird, dann heilt diese Wunde. Ähnlich gilt es auch

für seelische Schnittverletzungen. Auch eine seelische Wunde heilt von ganz alleine, wenn sie richtig versorgt wird. Hier bedeutet es, die Wunde zu reinigen, die Betroffenen aufzuklären, sie zu informieren, Ihnen Sicherheit zu geben und auch dann im zweiten Schritt Ruhe und Abstand zu bewahren, damit die Selbstheilungskräfte diese seelische Wunde schließen können.

Jeder Mensch wird umgeben von einer Art Ozonschicht, die aus einer Schutzillusion besteht

Trauma kann sehr schön verglichen werden mit einer Art Verletzung der Ozonschicht, die alle Menschen umgibt. Jeder Mensch hat um sich herum eine Art Ozonschicht, die aus einer Schutzillusion besteht, d. h. jeder Mensch weiß, es passieren schlimme Dinge, Menschen werden unheilbar krank, Menschen werden in Unfälle oder Überfälle verwickelt, aber jeder Mensch denkt immer nur, das passiert nur anderen, mir passiert das schon nicht. In dem Augenblick, wo ich aber selbst betroffen bin, wo meine Familie betroffen ist, wo meine Freunde, meine Arbeitskollegen betroffen sind, kann diese Ozonschicht so schwer verletzt, so sehr eingeschnitten und erschüttert werden, dass die Folge ein Trauma ist. Man hat in der Vergangenheit in zahlreichen Studien viele Tausende von Traumabetroffenen befragt, was für sie der schlimmste Teil dieses traumatischen Ereignisses war und die drei häufigsten Mehrfachnennungen waren **Verlust von Kontrolle**, das bedeutet, viele sagen, es war schlimm nicht mehr Frau oder Herr über die Situation gewesen zu sein, ich konnte nichts machen, **Verlust von Handlungsfähigkeit**, ich war nicht mehr in der Lage zu handeln und das schlimmste wird beschrieben als **Verlust von Sicherheit**.

Bei einem Trauma geht das grundlegende Sicherheitsgefühl eines Menschen verloren

Durch ein traumatisches Ereignis wird das grundlegende Sicherheitsgefühl eines Menschen massiv erschüttert. Die Welt ist plötzlich nicht mehr sicher, ich bin enttäuscht, warum hat es mich getroffen, warum bin ich überfallen worden, warum bin ich krank geworden, wo ich doch immer zur Vorsorge gegangen bin und so gesund gelebt habe und der Verlust von Sicherheit führt dann in der Folgezeit zu ganz massiven Enttäuschungen, zu Kränkungen, die sich sehr nachhaltig auf die Gesundheit auswirken können. Es ist also nicht nur das Ereignis an sich, das schlimm ist, sondern hier wiederum die Reaktion, das Erleben, die Wahrnehmung, die Art und Weise, wie ich darüber denke, wenn mein grundlegendes Sicherheitsgefühl erschüttert wird. Wenn ich enttäuscht bin, wenn meine Lebensentwürfe zusammenbrechen und die Dinge nicht mehr so laufen, wie ich es gewohnt war. Trauma bedeutet in vielen Bereichen auch die Unfähigkeit zu sprechen, nicht, weil ich nicht sprechen will, sondern weil ich nicht sprechen kann. Emotionaler Stress löst im Gehirn häufig eine so massive Ausschüttung von Stresshormonen aus, dass auch das Sprachzentrum in Mitleidenschaft gezogen werden kann. Trauma bedeutet auch, dass die Person und die Persönlichkeit eines Menschen schutzlos preisgegeben werden und dass die Seele zerreißen kann.

Symptome sind die normale Reaktion auf ein „verrücktes" Ereignis

Jeder Mensch, der ein traumatisches belastendes Lebensereignis erlebt, zeigt immer Symptome, diese sind aber immer eine normale Reaktion auf ein „verrücktes" Ereignis. Nicht ich bin verrückt, wenn ich nicht mehr schlafen kann, sondern das, was ich erlebt habe ist das Verrückte. Von daher ist es wichtig, sich bewusst zu machen, dass egal welche Symptome ich nach einer belastenden Lebenssituation erlebe, diese immer eine ganz normale Reaktion auf das sind, was ich erlebt habe. Je außergewöhnlicher, je verrückter, je belastender dieses Lebensereignis ist, dem ich ausgesetzt war, umso ungewöhnlicher und belastender können dann die Symptome und die Reaktionen sein. Dass Symptome immer eine normale Reaktion auf das verrückte Ereignis sind, ist wichtig, denn in der Hypnotherapie sagt man z. B. *„Probleme sind Lösungen"*. Übertragen auf die Symptome heißt es nichts anderes als dass Symptome auf den Heilverlauf hindeuten, d. h. jedes Symptom, das ein Patient zeigt, trägt in sich schon einen Lösungsansatz. In der Behandlung und Stabilisierung von Menschen ist es von daher wichtig, genau auf die Symptome zu achten und hierbei die positive Psychotherapie zu berücksichtigen. Positive Psychotherapie bedeutet, einem Patienten zu erklären, was das Gute in dem Schlechten ist, was der Lösungsansatz ist, der hier in dem Symptom durchschimmert. Das klingt für viele Patienten zunächst erst einmal schwer verständlich, dass sie etwas Positives in dem für sie belastenden Symptom erkennen können sollen. Hierbei ist es wichtig, dann z. B. zu erklären, dass dieses Symptom ein sehr kreativer Versuch ist, über den Körper das Problem zu lösen, bei Kindern z. B. das Bettnässen, Kinder machen auch im Alter von 10 oder 12 Jahren wieder ins Bett, wenn sie Belastungen ausgesetzt sind, wenn die Eltern sich trennen.

Ein letztes Beispiel sei erwähnt mit Schlafstörungen, weil Schlafstörungen eines der häufigsten Symptome sind, die nach belastenden Lebensereignissen auftreten können. Wenn man sich fragt, wie man eine Schlafstörung positiv beschreiben kann, können zwei mögliche Formulierungen sein: Schlafstörung heißt *„Ich bin ein sehr wachsamer Mensch"* oder *„Ich habe die Fähigkeit, mit sehr wenig Schlaf auszukommen"* und so kann man jedes Symptom, das ein Mensch zeigt, immer positiv bewerten, den Sinn darin erkennen und dadurch, dass man versteht, warum dieses Symptom auftritt, findet man auch einen sehr passenden Lösungsansatz. Viele unserer Verhaltensweisen und Reaktionsformen werden über genetische Informationen gesteuert. Eine Vielzahl dieser hat sich im Laufe der Menschheitsentwicklung komplett verändert. Zu erwähnen sei hier vielleicht als ein besonders bemerkenswertes Beispiel unser Ernährungsverhalten. In der Steinzeit haben wir immer etwas gegessen, wenn etwas vorbei gekommen ist, und heute essen wir immer, wenn wir irgendwo vorbeikommen. Das ist grundsätzlich anders und mündet darin, dass wir nicht mehr dann essen, wenn wir tatsächlich Hunger haben oder etwas zu essen finden, sondern Essen hat eine völlig andere Funktion übernommen. Essen tröstet, Essen hat etwas mit Kommunikation, mit Frustbewältigung oder anderen Dingen zu tun. Es gibt aber eine genetische Information, die seit der Steinzeit bis heute völlig unverändert geblieben ist. Diese bildet einen der wichtigsten Schutzmechanismen in unserem Körper, der uns vor seelischen und körperlichen Verletzungen beschützt.

Fliehe, kämpfe oder erstarre!

Eine der wichtigsten genetischen Informationen, die uns vor körperlichen und seelischen Verletzungen schützt lautet: Fliehe, kämpfe oder erstarre! – Das war schon in der Steinzeit so. Wenn wir in der Steinzeit unterwegs gewesen sind und plötzlich ein Rascheln im Gebüsch hörten, einen Säbelzahntiger, eine Bedrohung sahen, dann war der erste Impuls, den unser Organismus uns aussandte *„Fliehe – Flucht, schnell weg hier, Abhauen, das ist immer das Beste"*. Wenn wir nicht fliehen können, dann tritt der zweite Impuls in Kraft: *„kämpfe"*, der Versuch die Situation aktiv zu bewältigen. Wenn die Situation aber so ausweglos, so bedrohlich ist, dass ich weder fliehen noch kämpfen kann, dann tritt der dritte Zustand ein, die Erstarrung, das ist der Totstellreflex. Es ist aus der Verhaltensforschung bekannt, dass viele Tiere beim Anblick eines Angreifers erstarren, weil diese Bewegungsunfähigkeit oder Bewegungslosigkeit dazu führt, dass der Angreifer von seinem Opfer ablässt. Die Säbelzahntiger aus der Steinzeit haben heute andere Gesichter bekommen, das kann der Ehemann sein, das kann die Ehefrau sein, es kann der Chef sein, es kann der volle Terminkalender sein oder es kann dieses belastende Lebensereignis sein, dass ich gerade erlebt habe. Aber die genetische Information ist heute immer noch exakt die gleiche, das bedeutet, wenn wir uns bedroht fühlen, wenn wir uns hilflos fühlen, in die Ecke gedrängt fühlen, wenn wir emotionalem Stress ausgesetzt sind, dann signalisiert unser Körper uns heute immer noch vier Dinge: Hau ab, raus aus der Situation, das ist das beste, was wir tun können. Können wir nicht fliehen, dann kämpfen wir. Nicht unbedingt in einem körperlichen Sinne, sondern wir werden noch mehr Lebenszeit, noch mehr Lebensenergie aufwenden, um das Problem zu bewältigen.

Funktioniert weder der Rückzug, die Flucht, noch die aktive Bewältigung, um die Situation zu verändern, dann kommt es zur Erstarrung, d. h. das ist die völlige Erschöpfung, das ist die Ermüdung, das ist der Burnout. Diese genetische Information, fliehe, kämpfe oder erstarre, ist deshalb so wichtig, weil sie sich in erster Linie auf unserer körperlichen Ebene abspielt. Wir verfügen als Menschen über eine so genannte Kampf- und

Fluchtmuskulatur. Kampfmuskulatur ist der Bizeps und die Kiefermuskulatur. Gerade bei letzterer wird dies besonders deutlich. Wenn man seine Gesprächspartner beobachtet und sieht plötzlich, dass die Kiefermuskulatur sehr stark angespannt ist, kann das unter Umständen bedeuten, dass dieser Mensch gerade eine Beißhemmung entwickelt, er ist sehr aggressiv, möchte sein Gegeüber am liebsten beißen, unterdrückt das, indem er die Zähne fest aufeinanderpresst. Die Fluchtmuskulatur bei uns Menschen ist der vierköpfige Oberschenkelmuskel, der Quadrizeps, und der größte Muskel, über den wir verfügen, ist der Musculus gluteus maximus, unser *„größter Gesäßmuskel"* und nach dem Kaumuskel auch der zweitstärkste. Der Gesäßmuskel und der vierköpfige Oberschenkelmuskel sind verantwortlich für schnelles Rennen, sind also die Fluchtmuskulatur. Unser schnellster Muskel ist übrigens das Augenlid. Wenn wir als Menschen emotionalen Stress erleben, dann spannt unser Körper sowohl die Kampf- als auch die Fluchtmuskulatur zur gleichen Zeit an und es entscheidet sich, in welche Richtung reagiere ich, kann ich weg, kann ich flüchten oder kann ich aktiv etwas dagegen tun, kann ich kämpfen? Ist dies alles nicht möglich, dann kommt es zu einer so genannten unterbrochenen Handlung, einer aktiven Unterbrechung des Kampf-Flucht-Mechanismus, was dazu führt, dass die Kampf- und Fluchtenergie im menschlichen Körper gespeichert wird. Im physikalischen Sinne speichert man Energie in Form von Spannung. Ins Menschliche übertragen bedeutet das in Form von Verspannungen. Verspannungen bei uns Menschen sind also oft nichts anderes als gespeicherte Kampf- oder Fluchtenergie. Diese Energie wird im Körper sehr fest gehalten, weil der Körper das, was er einmal gelernt und gespeichert hat, nicht so schnell wieder freigibt, das bedeutet z. B. dass die harten Gefühle Wut und Aggression in die Kiefermuskulatur und in die Schädelmuskulatur eingespeichert werden. Von dort aus weiten sie sich dann aus und das Ganze führt dann in der Folgezeit zu unterschiedlichen Beschwerdebildern. Es kommt zur Schiefstellung des Kopfes, Problemen mit der oberen Halswirbelsäule, Spannungskopfschmerzen, Migräne, Schulter-/Nackenbeschwerden oder auch Tinnitus im Tieftonbereich.

Weiterhin kann die Kampf-Flucht-Energie auch in anderen Bereichen des Körpers gespeichert werden, wie z. B. im Magen-Darm-Bereich, in den Gelenken oder auch in der Wirbelsäule, wo es zu den bekannten Bandscheibenvorfällen kommt. Da unser Körper aber immer wieder aufgrund der Selbstregulation versucht, dieses Ereignis von ganz alleine zu bewältigen, geht es auch hier weiter, d. h. vor allen Dingen, dass unser Organismus im Schlaf versucht, den Kampf- und Fluchtmechanismus wieder aufzunehmen, also wenn wir einschlafen, läuft im Hintergrund das Programm *„kämpfe-fliehe"*. Immer wieder versucht unser Körper, die Situation neu aufzugreifen, neu durchzugehen, um darüber dann entweder zu flüchten oder zu kämpfen. Das führt dann zu unterschiedlichen Reaktionen in Form einer unbewussten Spannungsabfuhr. Eine der häufigsten unbewussten Formen der Spannungsabfuhr besteht darin, im Schlaf mit den Zähnen zu knirschen, mit den Zähnen zu klappern oder zu pressen. Hierbei treten so starke Kräfte teilweise auf, dass die Zähne in Mitleidenschaft gezogen werden. Teilweise wird so stark gepresst, dass der Zahnnerv oder die Zahnwurzel sich entzündet und es auch darüber zu weiteren Beschwerdebildern bei den betroffenen Menschen kommt. Immer dann, wenn es zu einer unterbrochenen Handlung kommt, d. h. also wenn wir weder flüchten noch kämpfen können, speichert der Körper diese Gefühlsenergie, die in der Folgezeit dann unterschiedliche Symptome ausprägen kann. Symptome, die entstehen können, sind wie folgende: Angst, Muskelzittern, Tunnelblick, Schweißausbrüche, Infektanfälligkeit, Spannungszustände, Kopfschmerzen, Magen- und Darmbeschwerden, Rückenschmerzen, Zähneknirschen (der medizinische Begriff hierfür ist Bruxismus), Konzentrationsschwierigkeiten, Tränenfluss, Ohrgeräusche, Übelkeit, Schwindel- und Ohnmachtsgefühle, Müdigkeit und Antriebslosigkeit. Erschöpfungszustände ohne körperliche Anstrengung, Gereiztheit, starke Stimmungsschwankungen und Gefühlsdurchbrüche, Alpträume, Gedankenterror, Grübeln, andauerndes Gefühl von Betäubtsein, ein verändertes Zeitgefühl, emotionale Stumpfheit, Gleichgültigkeit gegenüber anderen Menschen, Teilnahmslosigkeit der Umwelt gegenüber.

Kernsymptome eines Traumas

- Erinnerungsattacken

- Vermeidung

- Übererregung

Es gibt jedoch drei Kernsymptome, die darauf hindeuten, dass ein Mensch nach einem traumatischen oder belastenden Lebensereignis möglicherweise eine schwere seelische Belastungsreaktion entwickeln wird und zu befürchten ist, dass die Gesundheit sich dramatisch verändern wird. Diese drei Kernsymptome sind Erinnerungsattacken, Vermeidung und Übererregung. Erinnerungsattacken bedeuten, dass ein Mensch nach einem traumatischen Ereignis sehr belastende Erinnerungsbilder entwickeln kann, die man auch Intrusion, Flashback oder Hot-Spots nennt. Eine Patientin bezeichnete das einmal als eine Art Kopf-Kino, d. h. die Betroffenen sehen und erleben auf allen Sinneskanälen immer wieder Teile des Erlebten. Es können optische Bilder sein, man sieht immer wieder den eiskalten Blick des Täters, immer wieder, wie die Menschen aus dem Hochhaus springen. Es können Geräusche sein, die abgespeichert werden, man hört den Knall etc. Ein Feuerwehrmann, den ich einmal in der Nähe von Köln behandelt habe, litt darunter, dass er sehr starke akustische Erinnerungsattacken hatte, er wurde Wochen zuvor zu einem Fahrzeugbrand gerufen, bei dem eine mehrköpfige Familie in ihrem Fahrzeug verbrannt ist. Der Feuerwehrmann konnte nicht mehr helfen und nicht mehr retten und sagte, er habe Angst, verrückt zu werden, weil er immer wieder das Schreien der Frau und der Kinder hörte.

Andere belastende Erinnerungsbilder können sich über den Geruch einprägen, z.B. indem ein Mensch immer wieder den Geruch von Blut wahrnimmt. Oder Erinnerungsattacken können sich auf der körperlichen Ebene abspeichern, indem man das Gefühl hat. Man spürt die Hand des Täters immer noch am Hals, den Einstich immer noch im Rücken, teilweise Phantomschmerzen oder Schmerzen, für die es keine eindeutige, keine hundertprozentig organische Ursache gibt, sind in manchen Fällen Folge von schweren traumatischen Ereignissen und Belastungsreaktionen, hier hat sich also das Trauma im Körper verankert. In den letzten Jahren hatte ich mit vielen Frauen zu tun, die von ärztlichen Kollegen geschickt wurden. Diese Frauen klagten über nicht erklärbare Unterleibsbeschwerden. Organmedizinisch war alles ohne Befund. Bei näherer Diagnostik musste ich feststellen, dass diese Frauen Opfer von Grenzverletzungen, von sexualisierter Gewalt, von Missbrauch und Vergewaltigung oder anderen traumatischen

Ereignissen geworden sind. Hier hat sich das Trauma dann körperlich in Form von Schmerzsymptomen verankert. Schmerzen sind in der Diagnose bei seelischen Belastungsreaktionen eine der wichtigsten Anknüpfungspunkte und wenn es für Schmerzen keine eindeutige organische Ursache gibt, ist es immer lohnenswert, ein oder zwei Etagen tiefer in die Vergangenheit zu blicken; möglicherweise findet man dort dann ein Lebensereignis, in dem ein Mensch besser hätte fliehen oder kämpfen müssen, es aber nicht geschafft hat und sich das Ganze dann in Form von Schmerzsymptomen niedergeschlagen hat.

Eines der häufigsten psychosomatischen Symptome bei Kindern ist im Übrigen der Bauchschmerz. Diese Bauchschmerzen sollten immer ernst genommen werden, sie sind für das Kind sehr real und aus der Hirnforschung wissen wir, dass das Gehirn nur ein Schmerzzentrum hat sowohl für körperlichen als auch seelischen Schmerz – Gyrus cinguli, die Gürtelwindung, hier kann unser Gehirn nicht zwischen körperlichen und seelischen Schmerzen unterscheiden (vgl. Joachim Bauer, *„Warum ich fühle was du fühlst"*, Hofmann und Campe Verlag, Hamburg 2006).

Das zweite Kernsymptom sind Vermeidung und Verleugnung. Viele Menschen, die ein belastendes Lebensereignis erlebt haben, vermeiden in der Folgezeit Vieles, manchmal alles, was sie daran erinnern könnte. *„Ich gehe dort nicht mehr hin, ich steig in kein Auto mehr, ich kann keine Männer mehr mit dunklen Mützen sehen, ich kann mir keine Krimis mehr ansehen"* … Manchmal geht das Vermeidungsverhalten soweit, dass auch die eigenen Gefühle abgeschaltet werden und Menschen dann in eine gefühlsmäßige Vollnarkose verfallen. Sie schalten um auf Autopilot, sie handeln, aber in der Folgezeit führt das dazu, dass sich irgendwann diese gefühlsmäßige Vollnarkose löst, manchmal Wochen oder sogar Monate oder Jahre später, und es auch dann in der Folgezeit zum Durchbruch einer posttraumatischen Belastungsstörung kommt. Männer sind im Übrigen, das zeigen verschiedene Studien, wesentlich verletzlicher und verletzbarer als Frauen das sind. Frauen haben hier eine höhere Resilienz, eine höhere Widerstandskraft und sind offensichtlich viel besser in der Lage, mit belastenden Lebensereignissen umzugehen.

Das dritte Kernsymptom sind so genannte Übererregungssymptome. Übererregung das bedeutet in erster Linie Schlafstörungen und Essstörung. Als wichtigstes System sind allerdings die Schlafstörungen zu nennen. Als Schlafstörung bezeichnen wir im klinischen Sinne eine Situation, wenn ein Mensch über einen Zeitraum von deutlich länger als drei Monate weniger als sechs Stunden pro Nacht schläft. Bis zu drei Monaten nicht richtig schlafen können, kann durchaus manchmal normal sein, weil im Leben alle Situationen haben, wo wir uns verändern, wo wir ein Kind bekommen, uns trennen, ein Haus bauen, einen neuen Beruf antreten etc. All das kann dazu führen, dass sich alles im Kopf dreht, wir nicht richtig schlafen oder wir wie *„die Klingel im Pisspott"* herumlaufen. Wie gesagt, bis zu drei Monaten ist es völlig normal; allerdings gehen Schlafstörungen deutlich länger, wenn ein Mensch etwa ein halbes oder ein dreiviertel Jahr weniger als sechs Stunden pro Nacht schläft, dann ist das als eine Schlafstörung zu bezeichnen, die in jedem Fall behandelt werden sollte (Peter Spork, Das Schlafbuch, Rowolth Verlag, Reinbek bei Hamburg, 2007).

„Wer nicht schläft, wird dick und dumm."

Ein weiteres Symptom sind Essstörungen, d. h. ich vergesse zu essen, allein der Gedanke an Essen löst bei mir Übelkeit oder Unwohlsein aus. Weitere Symptome der Erregung sind Schreckhaftigkeit, Konzentrationsstörungen, ich stehe z. B. vor dem Kühlschrank und weiß nicht mehr, was ich herausholen wollte oder ich will tanken fahren und stehe dann plötzlich am Supermarkt. Weiterhin ist es so, dass Männer und Frauen grundsätzlich gleich reagieren bei belastenden Lebensereignissen. Lediglich bei Langzeittraumatisierungen scheint es so zu sein, dass Männer mit zunehmender Zeit immer aggressiver werden, während Frauen immer depressiver werden. Möglicherweise hat das biologische Gründe, denn Frauen sind lebensstiftend – die Frauen bringen das Leben auf die Welt – und die Männer müssen die Brut, die die Frauen auf die Welt gebracht haben, beschützen. Männer haben von Natur aus mehr aggressive genetische Potenziale in sich, die eben dazu führen, die Brut zu schützen. Bei manchen Männern findet man heute immer noch eine Restinformation im Reptilienhirn, das sind die Männer, sie nachts schnarchen, die vertreiben die wilden Tiere von ihren Frauen. Wenn die gerade genannten Kernsymptome belastende Erinnerungsbilder, Vermeidung und Verleugnung und Übererregung, in erster Linie Schlafstörungen, gleichzeitig über einen Zeitraum von deutlich länger als drei Monaten auftreten, dann besteht das Risiko zur Entwicklung einer schweren seelischen Belastungsreaktion, die am Ende auch zu einer weiteren Krankheitsausweitung bei dem Patienten führt. Bei etwa einem Drittel der Betroffenen ist hier eine professionelle Hilfe erforderlich, weil diese Symptome dann nicht von alleine abklingen und den Menschen tatsächlich krank machen würden. Werden diese Kernsymptome für ein Trauma in der Frühphase nicht erkannt oder nicht fachgerecht behandelt, dann führt es dazu, dass die Betroffenen anfangen, sich selbst zu behandeln – Selbstmedikation nennt man das. Saufen hilft gegen Trauma (aber nicht präventiv! Manchmal sprechen Ärzte davon, sich äthyltoxisch zu entspannen, das heißt, sie gehen einen Trinken) und hilft, es einen sehr langen Zeitraum über einzudämmen und in Schach zu halten, weil Alkohol eine der wenigen Drogen ist, die bewusstseinseinengend ist, aber wie bei jeder anderen Droge muss auch beim Alkohol eine Dosissteigerung herbeigeführt werden, d. h. man muss mehr und immer mehr trinken, um den gewünschten Effekt zu erzielen. Irgendwann bricht aber das körperliche Schutzsystem zusammen, der Körper, die Leber wird krank und dann ist der Weg frei für den Durchbruch einer schweren posttraumatischen Belastungsstörung, vielfach in Verbindung mit Mehrfachdiagnosen, d. h. neben dem Trauma hat der Mensch dann noch eine Suchtpersönlichkeit entwickelt, Depressionen oder Ängste. Von daher ist generell immer darauf zu achten oder zu berücksichtigen, dass Menschen, die schwere traumatische Lebensereignisse erlebt haben, immer einem erhöhten Risiko unterliegen, eine Suchtform oder eine Suchtpersönlichkeit zu entwickeln.

Ein Trauma erschüttert und verletzt die fünf Säulen der Identität eines Menschen:

1. seine Leiblichkeit
2. sein soziales Umfeld
3. seine Arbeit und Leistung
4. seine materiellen Sicherheiten
5. seine Normen-, Sicherheits- und Wertvorstellungen (Selbst- und Weltbild)

ein Trauma ist
- keine Krankheit und
- keine lebenslängliche Strafe

ein Trauma ist
- eine Störung des Lebensgleichgewichts
- eine radikale Verletzung der persönlichen Unversehrtheit
- die Zerbrechlichkeit der Gegenwart

Ob zwei Elefanten sich streiten oder lieben:
das Resultat für den Rasen darunter ist das gleiche.

Über dieses indische Sprichwort bekommt man eine Anmutung, wie man mit einem Menschen umgehen sollte, der etwas sehr Belastendes erlebt hat. Wenn man Menschen nach einem traumatischen Ereignis mit dem Rasen bei den Elefanten vergleicht, bekommt man ein Gespür dafür, d. h. man sollte sehr vorsichtig und sehr behutsam mit diesem Menschen umgehen. Wichtig ist vielleicht auch noch beispielhaft zu erwähnen, dass gute Skifahrer nicht die molekulare Zusammensetzung des Schnees kennen, sondern gute Skifahrer haben ein Gespür für die Situation. Gute Therapeuten, gute Helfer kennen auch nicht die molekulare Zusammensetzung eines schrecklichen Ereignisses, aber sie haben ein gutes Gespür für die Gesamtsituation, in der sich der Mensch befindet und können darüber einem Menschen dann sehr gut helfen.

Das Wort Alkohol stammt übrigens von dem arabischen Wort „al-kuhl" ab und heißt so viel wie „Weingeist" oder „Geist in der Flasche", (Duden S. 28).

Wenn der Alkohol im Körper ist,
dann ist der Verstand in der Flasche.

Alkohol ist ein hervorragendes
Lösungsmittel:
Es löst Familien, Ehen,
Freundschaften, Arbeits-
verhältnisse, Bankkonten,
Leber und Gehirn auf.

Die häufigsten psychischen Störungen am Arbeitsplatz sind Erschöpfungsdepressionen und Sucht. Wird ein Mensch nach einem belastenden Lebensereignis nicht fachgerecht beraten oder unterstützt, dann unterliegt er immer dem Risiko, eine Erschöpfungsdepression zu entwickeln. Ein umgangssprachlicher Begriff für Erschöpfungsdepression ist Burnout oder eine starke Sucht zu entwickeln und damit dann die Grundlagen zu legen für die Entwicklung weiterer Erkrankungen.

> *„Es ist ein Brauch von alters her: Wer Sorgen hat, hat auch Likör"!*
> Wilhelm Busch

Die Folgen einer Traumatisierung sind oft sehr gravierend und können auch neben den gesundheitlichen Schäden einen schwerwiegenden gesamtwirtschaftlichen Schaden anrichten. Ein Drittel der Traumabetroffenen erkranken aufgrund von Langzeitschäden zwischen 3 und 52 Wochen, das bedeutet, es werden Kosten zwischen 4.000 und 50.000 Euro oder sogar mehr produziert. In manchen Fällen kommt es nach einem Raubüberfall z. B. dazu, dass die Betroffenen für mehrere Wochen aus dem Beruf ausfallen, sie sind krank, sie gehen zum Arzt, sie machen Reha-Maßnahmen, es erfolgen Klinikaufenthalte und dadurch werden diese enormen Kosten produziert und kein Unternehmen kann es sich im Grunde genommen in der heutigen Zeit erlauben, gute Mitarbeiterinnen und gute Mitarbeiter für längere Zeit im Krankenstand zu haben.

74
—
75

Angehörige und Partner von Traumabetroffenen können
vom Trauma schleichend ergriffen werden.

Sie leiden dann im wahrsten Sinne des Wortes mit
und fühlen sich oft hilflos und sehr belastet.
Wichtig für die Angehörigen sind umfassende
Informationen. Sie geben Sicherheit und Orientierung.
Auch Kinder können seelische Verletzungen erleiden.
Sie reagieren teilweise anders als Erwachsene.

Bei Trauer und Verlust eines geliebten Menschen,
brauchen die Betroffenen viel Zeit und Unterstützung.
Trauer ist ein wichtiger Selbstreinigungsprozess.

Bei der Bewältigung und Verarbeitung von Trauma
und Trauer, sind Kinder oft sehr kreativ.

Hilfe für Angehörige, Trauernde und Kinder

Wie soll man mit Angehörigen und Partnern von Traumabetroffenen umgehen?

Aus der praktischen Erfahrung mit Akut-Betroffenen ist schon länger bekannt, dass Angehörige und Partner von Traumaopfern ebenfalls erheblich belastet sein können. Neben der Hilflosigkeit, dem Angehörigen irgendwie helfen zu wollen, aber nicht zu wissen wie und das über einen längeren Zeitraum als geahnt, können die Angehörigen und Partner auch schleichend traumatisiert werden: Die Angst bzw. die Todesangst um den Nahestehenden kann nachträglich selbst traumatisierend für den Angehörigen/Partner wirken. Die Angehörigen/Partner leiden buchstäblich mit und können genau die gleichen Symptome (siehe oben) entwickeln, wie die Betroffenen selbst.

Die Erkennung der eigenen Belastung ist hierbei der erste Schritt sowohl zur Selbsthilfe als auch zur Unterstützung des traumatisierten Angehörigen/Partners.

Nachträgliche Traumatisierungen bedürfen der gleichen Behandlung wie akute Traumatisierungen: Selbstheilungskräfte müssen mobilisiert werden und gegebenenfalls muss professionelle Hilfe in Anspruch genommen werden. Die Angehörigen/Partner sollten darüber informiert werden, ihre eigene Belastung genau zu überprüfen und sich ggf. professionelle Hilfe zu suchen. Dem Traumatisierten kann der Partner oder Angehörige am besten helfen, indem er vor allem Informationen über Traumata hat: Dauer, Verlauf, Symptome etc. Mit jeglicher Unterstützung und *„Verwöhnung"* kann der Partner dem Traumaopfer in dieser für den Betroffenen hoch verletztlichen Zeit der Verarbeitung helfen, die länger dauert als allgemein – und auch vom Partner – angenommen. Kochen, schöne gemeinsame Freizeitaktivitäten etc. helfen enorm; es ist nicht immer nur das Gespräch darüber, das hilft. Aber wenn ein Gespräch gewünscht wird, dann sollte der Partner dafür da sein (auch zum x-ten Male). Auch wenn Traumabetroffene für den Partner/den Angehörigen verändert erscheinen (z. B. stimmungsschwankend, in sich zurückgezogen etc.), sollte er angeleitet werden, dies zu akzeptieren. Für die Zeit der Verarbeitung ist das völlig normal und sollte den Partner nicht beunruhigen.

Unterstützung bei Trauer und Verlust eines geliebten Menschen

Der Verlust einer nahe stehenden Person ist immer ein sehr schweres Ereignis. Besonders schwer wird der Verlust, wenn der Tod plötzlich und unvorhergesehen eingetreten ist bzw. durch einen Unfall oder eine Gewalttat verursacht wurde.

Trauer ist eine normale Reaktion auf den Verlust einer nahestehenden Person und benötigt viel Zeit. Nicht umsonst spricht der Volksmund vom *„Trauerjahr"*. Aber auch hier ist die Dauer der Trauer und die Schwere der Trauerbelastung abhängig von den Todesumständen. Der plötzliche und unvorhersehbare Tod eines Nahestehenden oder der Tod durch eine Gewalttat ist ein besonders schweres traumatisches Ereignis für die Hinterbliebenen und verkompliziert den Trauerprozess.

> *Du kannst nicht verhindern, dass die Vögel der Trauer um deinen Kopf kreisen. Aber du kannst verhindern, dass sie darin Nester bauen.*
>
> Japanisches Sprichwort

Trauerreaktionen sind posttraumatischen Belastungsreaktionen, sowohl hinsichtlich der Symptome als auch hinsichtlich der Wechsel zwischen Phasen von Leugnung, Vermeidung, Hemmung und Phasen von Sich-Einlassen und fortschreitender Durcharbeitung sehr ähnlich. Wie bei dem Prozess der psychischen Traumatisierung verläuft auch der Trauerprozess grundsätzlich in 3 Phasen:

- **Schockphase**: hier dominiert Betäubung, Schock, Verleugnung, Gefühlstaubheit, Rationalisierung und Intellektualisierung. Die Betroffenen beschreiben sich häufig wie in Watte gepackt, *„morgen stehe ich auf und der Alptraum ist vorbei"*, *„die Tage, die Zeit, das Leben rauscht vorbei"*, *„funktionieren und reagieren wie ein Automat"*, *„Autopilot"* etc.
- **Einwirkungsphase**: zunehmend wird der Tod und der Verlust realisiert, verbunden mit intensiven Gefühlen wie Verzweiflung, Schmerz, Angst und Depression. Die Betroffenen ziehen sich zurück und fühlen sich isoliert vom Leben. Phasen des Schmerzes (Trauerschübe), der Verzweiflung und des Durcharbeitens wechseln sich häufig ab mit Phasen der Leugnung, Vermeidung und Abwehr.
- **Anpassungs-, Erholungs- und Neuorientierungsphase**: die Betroffenen passen sich zunehmend an ein Leben an, in dem der Verlorene fehlt. Zunehmend erfolgt eine Hinwendung zu neuen Personen und Erholung. Neuorientierung ist dann erfolgt, wenn für den Toten ein Platz im weiteren Leben gefunden wurde, der Erinnerungen zulässt, ohne das weitere Leben zu behindern.

Die Dauer der Phasen hängt von den Todesumständen ab. Bei Tod nach Gewalttaten kann die Schockphase bis zu zwei Monate dauern. Der Tod durch Gewalttaten verstößt u. U. gegen zwei Lebensgesetze: ein Mensch stirbt auf eine nicht natürliche Art und Weise und Kinder sterben vor ihren Eltern. Die Betroffenen berichten im Nachhinein, dass sie selber kaum wüssten, wie die Zeit vergangen sei. Sie handeln und reagieren fast automatisch, Gefühle werden vermieden und sie fühlen sich taub. Nach ca. zwei Monaten beginnen sie, den Verlust zunehmend zu realisieren, eine Prozessphase, die mit intensivem Trauerschmerz verbunden ist. Neben der allgemeinen Traurigkeit kommt es hierbei zu hoch belastenden *„Trauerschüben"*, ein Zustand tiefsten Trauerschmerzes, der die Betroffenen sehr viel Kraft und Energie kostet. Wichtig ist, dass die Betroffenen lernen, dass sie den Trauerschmerz aushalten können und dass nach einem Trauerschub wieder ein ruhigerer Zustand erreicht wird, indem die intensiven Trauergefühle abgewehrt und vermieden werden.

Wenn man den gesamten Trauerprozess als Linie beschreibt, so sieht man in den seltensten Fällen ein stetiges Ansteigen der Verarbeitung. Vielmehr durchzieht den gesamten Trauerprozess ein ständiger Wechsel von Phasen intensivem Trauerschmerzes, und Phasen der Abwehr, die insgesamt aber eine steigende Verarbeitung zeigen:

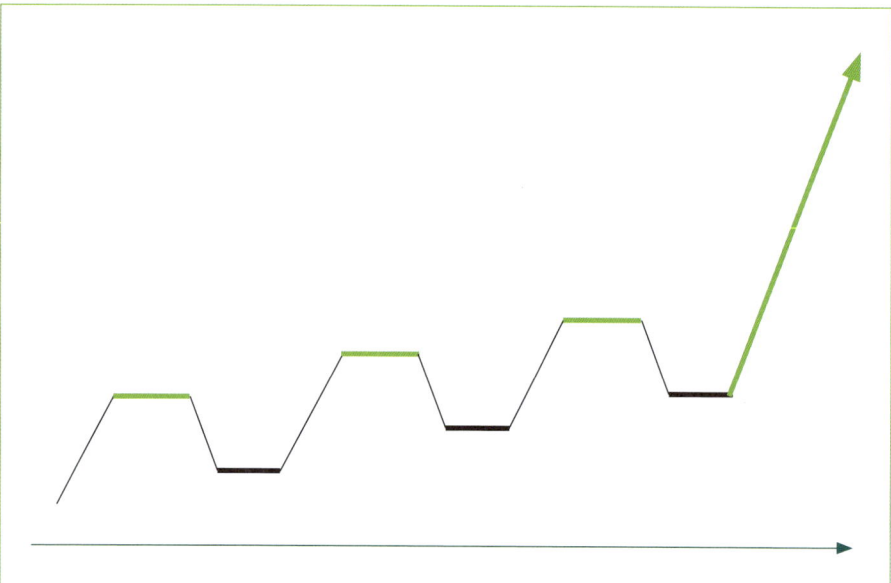

Der Trauerprozess: Wechsel von intensivem Trauerschmerz und Abwehr

Das ist für die Betroffenen wichtig zu wissen. Durch die lange Dauer des Trauerprozesses (ca. ein Jahr, bei plötzlichem und unvorhersehbaren oder gewaltsamen Tod sogar noch länger) sorgen sich die Betroffenen häufig darüber, dass der jeweilige Prozesszustand der endgültige für die weitere Zukunft sei; zum Beispiel sorgen sich die Betroffenen, dass sie nichts mehr empfinden oder nicht mehr weinen könnten, wenn sie zu dem Zeitpunkt in einer Phase der Abwehr und Vermeidung sind, und dass sie auch in Zukunft nichts mehr empfinden könnten. In Phasen des Durcharbeitens und des intensiveren Trauerschmerzes befürchten die Betroffenen häufig, dass sie in Zukunft immer so schmerzhaft leiden müssten. Auch wenn es für die Betroffenen sehr viel Kraft kostet, dieses ständige Auf und Ab ist ein gutes Zeichen, dass der Trauerprozess vorangeht, wenn insgesamt das Auf und Ab ansteigend ist.

Trauersymptome sind nicht nur psychische Reaktionen wie zum Beispiel Depression, Schlaf- und Konzentrationsstörungen, Überregung und Nervosität, sondern können auch körperliche Reaktionen sein, wie zum Beispiel Atem- oder Rückenbeschwerden, Magen-Darm-Störungen, Herz-Kreislauf-Störungen; körperliche Beschwerden sollten in jedem Fall von einem Arzt abgeklärt werden. Trauerarbeit ist für die Betroffenen Schwerstarbeit! Hinterbliebende müssen folgende *„Traueraufgaben"* bewältigen (vgl. Canacakis, J.,: Auf der Suche nach den Regenbogentränen, München, C. Bertelsmann Verlag 1994):
  - den Verlust realisieren und akzeptieren
  - Trauerschmerz erfahren und aushalten
  - sich an eine Umgebung anpassen, in der der Verstorbene fehlt
  - emotional für den Toten einen Platz im weiteren Leben finden, der Erinnerungen zulässt, ohne die weitere Lebensbewältigung zu behindern.

> *Ich habe keine Angst davor zu sterben.*
> *Ich möchte nur nicht dabei sein, wenn es passiert.*
>
> Woody Allen

Dazu kommen häufig zusätzliche Belastungen im sozialen Umfeld.

Oft sind die Trauernden damit konfrontiert, dass Bekannte, Freunde, Angehörige, Kollegen o.a. schon nach wenigen Monaten oder sogar Wochen erwarten, dass der Trauernde *„den Verlust verschmerzt"* hat und sich wieder in der Gemeinschaft so verhält wie vor dem Verlust. Das ist eine enorme Belastung und Enttäuschung für den Betroffenen, der gerade im Trauerprozess auf Trost und Zuwendung von anderen angewiesen ist. Das führt auch häufig dazu, dass sich der Betroffene rechtfertigen muss, dass er noch nicht so aktiv und freudig am Gemeinschaftsleben teilnehmen kann wie vorher. Kompliziert wird es dann für das Umfeld, wenn der Betroffene zeitweilig gutgelaunt erscheint, was in dem ständigen Stimmungswechsel des gesamten Trauerprozesses sehr wohl vorkommt. Aber *„einmal gelacht heißt noch nicht bewältigt!"*.

Und es gehört eine große Selbststärke dazu, sich dahingegen zu vertreten *„Ich bin noch nicht soweit und damit müsst ihr klar kommen"*.

Eine weitere Belastung für die Betroffenen ist, dass die Personen im Umfeld oft unsicher sind, wie sie sich einem zutiefst Trauernden gegenüber verhalten sollen. Das führt dann häufig dazu, dass sie sich abwenden und der Trauernde weiter sozial isoliert wird.

Ungerechtfertigte Anforderungen und Erwartungen müssen im Trauerprozess von den Betroffenen selbst abgelehnt werden. Trauerarbeit ist wichtig! Und sie kostet Zeit.

Kinder mit seelischen Verletzungen

Wie gehen Kinder mit seelischen Verletzungen um? Was ist ihr Geheimnis und welches sind ihre Stärken? Eltern oder Außenstehende können oft nur sehr schwer erkennen oder nachvollziehen, wie Kinder eine traumatische Situation gefühlsmäßig erlebt haben; jedoch können sie offensichtliche Verhaltensauffälligkeiten und Symptome erkennen und beobachten. Das Beobachten von kindlichen Reaktionen ist wichtiger als die Interpretation dieser Symptome. Von zentraler Bedeutung für die Arbeit mit emotional belasteten Kindern und Kindern von traumatisierten Eltern ist vor allem, **wie** die Kinder etwas erlebt haben und nicht **was** sie erlebt haben!

Lernen durch Beobachtung und Imitation

Kinder sind wie Spiegel. Sie nehmen alles auf was sie beeindruckt, um es dann sofort oder kurze Zeit später wieder zum Ausdruck zu bringen. Kinder lernen durch Beobachtung und Imitation, und es geht soweit, dass sie ihre Eltern oder andere wichtige Bezugspersonen bis ins kleinste Detail nachahmen. *„Ich will so sein wie du"* lautet das kindliche Lernprogramm. Eltern geben dem Kind Sicherheit. Klare Strukturen und Grenzen helfen dem Kind, seine eigenen Fähigkeiten optimal zu entwickeln.

„*Ich bin anders als du*" lautet ein anderes kindliches Programm. Etwa zwischen dem zweiten und dritten Lebensjahr ist die sogenannte Ich-Entwicklung beim Kind abgeschlossen. Ich-Entwicklung bedeutet, dass ein Kind sich als eigenständige Person wahrnimmt: „*ich bin ich und andere sind andere*". Ein Kind weiß, wo es aufhört und wo ein anderer Mensch anfängt. Sprachlich wird der Abschluss der Ich-Entwicklung dadurch deutlich, dass ein Kind von sich selbst nicht mehr mit dem eigenen Namen spricht, „*Kerstin will noch eine Cola*" sondern sagt: „*Ich will eine Cola!*". Bis zu dieser Zeit ist die Welt gegenständlich, sie besteht nur aus Gegenständen und Dingen die man entdecken kann und natürlich den Eltern. Das Kind wird sozusagen „*von den Eltern angefangen*", bis es sich dann „*selbst anfängt*". Kinder machen in dieser Zeit keinen Unterschied in ihren Liebesgefühlen gegenüber Menschen und Spielsachen. Sie streicheln ihre Lieblingsspielsachen genauso innig und lieb, wie sie vielleicht auch einmal ihre Mama streicheln. Um herauszufinden wie man aber so wird wie Mama oder Papa, müssen die Kinder natürlich erst mal das machen, was sie sehen, auch ohne es zu verstehen. Gibt ihnen ein beobachtetes Verhalten Sicherheit, „*ich kann das auch*", fangen sie an, selbständig damit herum zu experimentieren. Erst sind die Eltern stolz, dass ein Kind genauso reagiert, wie sie es sich vielleicht wünschen und plötzlich verstehen sie die Welt nicht mehr, wenn das Kind genau das Gegenteil von dem macht, was es zuvor gelernt hat. Um das zu verstehen, muss man die vier Geheimnisse der Kinder kennen:

- Erstes Geheimnis: sie sind Zauberer. Sie können plötzlich Dinge, ohne dass wir mitbekommen haben, dass sie sie gelernt haben und wo sie sie gelernt haben.
- Zweites Geheimnis: in dem Moment, wo sie ein gelerntes Verhalten beherrschen, bauen sie absichtlich Fehler ein, fordern uns Erwachsene heraus, um weiter daran zu lernen.
- Drittes Geheimnis: Kinder sind gegenwärtiger als Erwachsene. Kinder sind das, was sie gerade tun.
- Viertes Geheimnis: Kinder können in die Zukunft blicken, weil sie wissen, dass sie den nächsten Augenblick ganz bewusst gestalten können und zwar so wie sie es wollen.

Den stärksten Eindruck von dem, was Kinder bewegt, können wir in ihren Spielen erkennen. Das Spielen der Kinder ist quasi ein in Bewegung oder Kreativität umgesetztes, kindliches Gefühl. Innen ist wie außen und Äußeres wird zu Innerem. Kinder werden in ihren Spielen von magischen Fantasien geleitet und zauberhaftem Denken. Und weil das so viel Spaß macht, wiederholen sie es immer und immer wieder. Sie genießen dabei das Gefühl, nicht die Handlung. Auch die kindlichen Gefühle verändern sich und finden unmittelbaren Ausdruck im Spielzeug. Das kann dann auch schon mal Zerstörung sein. Spiele helfen den Kindern, sich in der Welt zurecht zu finden, indem sie sich fühlen. Über das Spiel holen sich Kinder natürliche Rauschzustände. Und zwar mit großem Vergnügen und mit ganz viel Spaß. Verständlich auch ihre Reaktionen, wenn sie dann plötzlich ins Bett gehen sollen. Die Eltern werden zum Spielverderber, weil sie ein anderes Gefühl vermitteln. Sie haben das Kind in seinem Gefühl gestört. Das Kind wehrt sich natürlich erst mit Wut und Tränen, später vielleicht mit dem einen oder anderen Trick, um die Zeit zu verlängern, nicht ins Bett gehen zu müssen. Würden die Eltern das „ins Bett gehen" mit in das kindliche Spiel einbeziehen, kann es dem Kind sogar großes Vergnügen bereiten, schlafen zu gehen. Und zwar mit großer Regelmäßigkeit.

100 % Gefühl

Kinder sind 100 %ige Gefühlsmenschen. Sie können von einer Sekunde zur anderen vom Lachen in einen Tränenrausch und Wutausbruch geraten und sofort wieder zurück. Mit Tränen in den Augen lachen sie dann auch wieder aus tiefstem Herzen. Sie können es, weil sie sich zu jedem Augenblick ganz genau fühlen und das unmittelbar zum Ausdruck bringen. Wenn Kinder ein neues Verhalten zeigen, bedeutet dies gleichzeitig auch immer ein neues Gefühl für sie. Ihr Verhalten ist nur ein Symptom und nicht umgekehrt. Kinder sind Symptomträger. Ihr Verhalten spiegelt sehr genau ihre innere Erlebniswelt als Reaktion auf ein Ereignis wieder, oder das Gefühl bei dem sie gestört worden sind. Das gilt auch und insbesondere für traumatische Erlebnisse der Kinder.
In der therapeutischen Arbeit mit Kindern hat mich ein Satz von Eltern, Lehrern und Erziehern immer massiv geärgert: *„... mein Kind ist gestört. Helfen sie ihm!"*
Als Kinder- und Jugendlichenpsychotherapeut hat man vor allem die Hauptaufgabe, sogenannten *„gestörten Kindern"* zu helfen. Jedoch ist dabei zu berücksichtigen, dass es in den seltensten Fällen zutrifft, dass ein Kind gestört ist. Wichtiger wäre vielmehr die Frage zu stellen, wobei ein Kind gestört wurde: beim Spielen, beim Fröhlichsein, beim Traurig- oder Wütendsein (...), beim Entwickeln seiner Fähigkeiten oder beim Bewältigen von Problemen. Anstatt dem Kind zu helfen, wird es behindert (wütend zu sein, traurig zu sein) und ist am Ende dann *„behindert"* (traurig, wütend usw.).

Kinder lernen und entdecken die Welt spielerisch, mit viel Spaß und Neugier. Kinder sind gegenwärtig, sie erleben die Welt intensiver, d.h. stärker und gegenwärtiger als die Erwachsenen und sind das, was sie spielen und zwar in jedem Augenblick. Das ist der Sinn des kindlichen Lebens: entdecken, lernen, entfalten und das alles mit sehr viel Spaß und Freude. Das Spielen ist der zentrale Lebensinhalt des Kindes. Über das Spiel lernt das Kind, seine Fantasie zu entwickeln, Rollen zu spielen, Konflikte zu lösen, Berufe zu üben. Kinder sind das, was sie spielen. Das Spiel ist zugleich eine Vorbereitung auf die Welt der Erwachsenen, denn diese spiegelt sich nicht zuletzt auch in den Spielen der Kinder wider. Das Spiel ist die Währung der Kinder. Spiele sind für Kinder das, was Geld für Erwachsene bedeutet.

100 % Sinn-Voll

Das Leben von Kindern ist zu jedem Zeitpunkt, zu jeder Sekunde sinnvoll und zwar im wörtlichen Sinne: voller Sinne. Sehen, hören, riechen, schmecken, fühlen, anfassen usw. Die Welt ist gegenständlich (konkretistisch) und besteht aus Personen und aus Gegenständen. Die Erziehung von Kindern sollte in erster Linie so ausgerichtet sein, dass sie ihre eigenen Stärken nutzen und Anleitungen bekommen, die Dinge selbst zu tun. Die Hebammenkunst der Erziehung besteht darin, die individuellen Fähigkeiten und Fertigkeiten eines Kindes zu erkennen, sie zu fördern und dem Kind letztlich dabei zu helfen, seine Ideen und Fantasien auf die Welt zu bringen. Ein anderer Begriff für Eltern könnte so lauten: Lebenslerngelegenheitenermöglicher.

Zu jedem Zeitpunkt der kindlichen Entwicklung beschäftigt sich das Kind mit alterstypischen Themen und Problemen. Darüber hinaus suchen sich Kinder sog. Übergangsobjekte, die ihnen den Schritt von einer Entwicklungsstufe zur nächsten erleichtern, Das können Pullover, Lieblingshosen, Schnüffeltücher oder andere Talismänner sein.

Zunächst tun Eltern alles mögliche, damit ihre Kinder laufen lernen, um kurz danach aufgefordert zu werden, still zu sitzen. Dann sollen sie sprechen lernen, um kurz danach zu hören, still zu sein und den Mund zu halten. Wie soll ein Kind diese Doppelbotschaften verstehen? Wenn ein Kind etwas nicht versteht, kann es unbewusst Schuldgefühle entwickeln, weil es glaubt, die Ursache für das Ereignis zu sein.

Kinderseelen sind sehr zerbrechlich

Wenn Kinder extremem emotionalen Stress ausgesetzt sind, verfügen sie je nach Alter noch nicht über ausreichende Schutzfunktionen und haben zu wenig Ressourcen zur Bewältigung der außergewöhnlichen Erfahrungen. Die Welt der Kinder bis zum Alter von etwa 10 Jahren besteht nur aus Personen und Gegenständen. Ihre Welt besteht aus den Eltern, unter deren Schutz sie stehen, und die Welt besteht aus lauter unbekannten Dingen, die es zu erforschen gilt. Kinder werden vom Zeitpunkt der Geburt beeindruckt, d.h. sie nehmen ihre Umwelt auf und zwar zunächst nur über körperliche Sinneseindrücke und über die Augen. Und alles was Kinder aufnehmen, drücken sie früher oder später wieder aus. Das ist ganz normal: sie spielen eine Situation nach, sie malen (siehe unten), sie basteln oder sie erzählen. Oft vermischt mit eigenen Fantasien, Wünschen und Ängsten. Kinder sind das, was sie spielen. Da gibt es keine Grenze. Spielen ist Leben. Chaos auch. Kinder brauchen Chaos, um darin zu gedeihen. Kinder spielen mit uns Erwachsenen genauso, wie sie mit Spielzeug spielen. Für Kinder gibt es da keinen Unterschied. Kinder machen auch keinen Unterschied in ihrer gefühlvollen Zuwendung zu einem Menschen oder einem Spielzeug. Kinder wollen ausprobieren, jeden Augenblick. *„Wie weit kann ich gehen"*, ist ein spannendes Experiment für Kinder. *„Welche Reaktionen löse ich aus"* ist noch viel spannender. Kinder trotzen, und provozieren, reagieren nicht wie Erwachsene es wollen.

Die drei großen Z
Kinder brauchen vor allem die drei großen Z:
- Zeit
- Zuwendung
- Zärtlichkeit.

Wie kann man Kindern helfen, die emotional sehr belastet sind oder sogar ein traumatisches Erlebnis hatten? Für Kinder und Kinder von Traumatisierten gelten im Prinzip die gleichen Grundsätze der Hilfe wie für Erwachsene. Das bedeutet aber nicht, sie wie kleine Erwachsene zu behandeln. Das wäre völlig falsch! Kinder verfügen noch nicht über ausreichende innerpsychische Ressourcen. Hilfen müssen kindgerecht umgesetzt werden, d.h. altersgerecht, klar, konkret, vorstellbar, kontrollierbar, greifbar und sie müssen die jeweiligen entwicklungstypischen Themen und Ängste der Kinder aufgreifen. Dabei ist es besonders wichtig darauf zu achten, ob ein Kind gerade ein Verhalten an den Tag legt, das zwar auffällig ist gegenüber seinen sonstigen Verhaltensweisen und dadurch auf eine momentan stattfindende Entwicklungsphase hindeutet, oder ob das beobachtbare Verhalten möglicherweise Ausdruck einer akuten Überforderung durch ein belastendes Ereignis darstellt. Kinder entwickeln sich sehr schnell. Und der Übergang von einer Entwicklungsstufe zur nächsten dauert in seinen kritischen Zeiten maximal drei Monate. In dieser Zeit erfolgen bestimmte Anpassungsreaktionen, d.h. das Kind muss sich mit der neuen Situation auch erst mal zurecht finden. Als Faustregel kann gelten, dass alles das, was an außergewöhnlichem Verhalten bei einem Kind zu beobachten ist, dann intensiver beobachtet werden sollte, wenn es deutlich länger als drei Monate dauert. In diesem Fall ist es hilfreich, wenn sich betroffene Eltern den Rat eines Experten, z.B. eines Kinder- und Jugendlichenpsychotherapeuten hinzu holen. Zuvor sollten Eltern jedoch immer erst mit dem Kinderarzt sprechen, um eine medizinische Ursache auszuschließen. Kinder sind voller Überraschungen. Und das gilt auch für ihre Reaktionen und ihr Verarbeitungsverhalten von extrem belastenden Ereignissen, Grenzverletzungen und Erlebnissen, die weit außerhalb der kindlichen Erlebnis- und Vorstellungswelten liegen.

Wenn wir von Kindern sprechen, meinen wir die Altersgruppe der etwa ein- bis 10jährigen (für Kinder über 10 Jahre und für Jugendliche gelten die altersgerecht umgesetzten Grundsätze der Intervention und Hilfe für Erwachsene). Verarbeitung bei Kindern erfolgt nicht geradlinig, sondern sprunghaft. Sie gleicht einer rhythmischen Verarbeitung, gekoppelt an entwicklungstypische Aktivitäten; das bedeutet, ähnlich wie bei Ebbe und Flut auch eine zeitweilige Abnahme oder Zunahme der Symptomatik je nach Entwicklungszeit (Prinzip der normalen Auflösung von Traumareaktionen). Wichtig dabei ist Folgendes:
- diese Verarbeitungs-Rhythmen verlaufen wesentlich langsamer als gewohnt
- die Verarbeitungs-Rhythmen sind willentlich nicht steuerbar und entziehen sich einer Kontrolle
- Verarbeitungs-Rhythmen können nur beobachtet und berücksichtigt werden
- Verarbeitungs-Rhythmen können nicht bewertet, manipuliert, beschleunigt oder verändert werden
- Verarbeitungs-Rhythmen erfüllen ihre Aufgabe und heilen
- Heilung erkennt man bei Kindern daran, dass sich ihre Aufmerksamkeit wieder der Außenwelt zuwendet.

Kinder brauchen Zeit, um Reaktionszyklen zum Abschluss zu bringen; geachtet werden sollte dabei auf sogenannte Abschlussignale wie: tiefe Atemzüge, schwere Seufzer, Herstellen oder Unterbrechen von Blickkontakt, Lächeln, Sichstrecken; Abschlussignale bedeuten aber nicht den Abschluss des Erholungsprozesses! Traumata lassen sich nicht verhindern, können aber geheilt werden. Trauma ist ein unterbrochener Prozess, dem das natürliche Bestreben innewohnt, zum Abschluss gebracht zu werden. Dieser Mechanismus ist bei Kindern stark ausgeprägt. Kinder lassen sich von Natur aus nicht drängen und benötigen für die Verarbeitung sehr viel Zeit. Kinder lernen Verarbeitung. Das ist für Kinder nicht schwer, nur anders als alles andere, was sie zuvor gelernt haben. Am stärksten lernen Kinder über körperliche Reaktionen, und nicht über Denken oder Kognitionen; für Kinder ist wichtig, wie sich Dinge anfühlen und wie ihr Körper darauf reagiert. Das Wahrnehmen von Bewältigungsmechanismen hängt sehr eng mit dem Wahrnehmen der eigenen Empfindungen zusammen (innere Felsen können zu einer warmen Flüssigkeit schmelzen). Hilfreich ist es, Kindern das Gefühl zu vermitteln, dass Körper- und Gefühlsreaktionen wie Weinen, Zittern, Schütteln, Wut, Angst, Scham, Schuld, Verwirrung, Zweifel, Traurigkeit, Schreien, Sichverstecken usw. und manchmal auch stark verlangsamte Bewegungen oder überbordende Reaktionen, normale und vor allem gesunde Reaktionen sind, vor denen es sich nicht schämen muss.

Der Verarbeitungsprozess bei Kindern ist durch eine Reihe von bemerkenswerten Besonderheiten gekennzeichnet, deren Kenntnis den Umgang mit Kindern erleichtern kann:

- Kinder sind Symptomträger. Das gilt sowohl für traumatisierte Kinder, als auch für Kinder von traumatisierten Eltern. In beiden Fällen können Kinder die empfundenen Erlebnisinhalte in ihren Symptomen widerspiegeln. Während traumatisierte Kinder in der Zeit nach dem Trauma sehr stark auf die Unterstützung ihrer Eltern angewiesen sind und diese äußerst hilfreich den natürlichen Verarbeitungsprozess unterstützen können, fällt diese Ressource bei Kindern von traumatisierten Eltern völlig weg. Diese Kinder benötigen in den meisten Fällen die Hilfe und Unterstützung externer Dritter oder von Vertrauenspersonen aus dem familiären Umfeld oder sozialen Umfeld, und dies für lange Zeit. Die Symptome bei Kindern entstehen in erster Linie durch eine gefühlsmäßige Verschmelzung mit der traumatischen Situation. Die kindlichen Gefühle sind unmittelbar mit der erlebten Situation verknüpft und können ohne diese auch nicht wahrgenommen werden. Das Gefühl wahrnehmen bedeutet, die Situation zu rekonstruieren. Jedes kindliche Spiel nach dem Trauma kann eine gefühlsmäßige Rekonstruktion der traumatischen Erlebnisinhalte sein und auf allen dem Kind zugänglichen Informationen, einschließlich der körperlichen Empfindungen beruhen. Kinder orientieren sich an der Welt und reagieren auf deren Zeichen. Symptome der Kinder sind immer als Signale und Beziehungsangebote an die Lebensumwelt zu sehen und nicht wie bei Erwachsenen der Versuch, ein Trauma unter Kontrolle zu bringen, oder gar schon Anzeichen für eine Belastungsreaktion.

- Kinder zeigen häufig den sogenannten Rantanplan-Effekt. Dieser beschreibt bei Kindern die verzögerte traumatische Reaktion. Diese kann in dreifacher Weise wirksam werden: als verlangsamte, als verzögerte oder als verborgene traumatische Reaktion. Die verzögerte traumatische Reaktion kann sich über einen Zeitraum von 6 Wochen bis zu 21 Monaten nach der traumatischen Situation erstrecken. Die Bezeichnung Rantanplan-Effekt leitet sich ab von Rantanplan. Es ist der Name für den Hund der Comic Figur Lucky Luke. Das besondere an Rantanplan ist, dass er, was immer auch passiert, zunächst erstmal überhaupt gar keine Reaktion zeigt. Egal ob sein Herrchen ihn ruft oder er von einer Postkutsche überrollt wird. Rantanplan bleibt immer ruhig liegen und bewegt sich nicht. Dann aber, Stunden oder auch mal Tage später, springt er wie von der Tarantel gestochen in die Höhe, jault, schreit, rennt zu seinem Herrchen, der überhaupt nicht weiß, warum er jetzt kommt, wo er ihn doch gar nicht gerufen hatte. Ähnliches Verhalten kann man in abgeschwächter Form in vielen Fällen auch bei Kindern nach traumatischen Ereignissen beobachten. Sie zeigen zunächst auch erst keine Reaktion, weil sie ja Künstler im Verbergen sind und keine Schwächen zeigen wollen, aber dennoch ein Gefühl in sich tragen, das dann später, wenn man möglicherweise gar nicht damit rechnet, zum Ausdruck gebracht wird. Weil dann aber für die Erwachsenen oft der konkrete Bezug zum auslösenden Gefühl nicht erkennbar ist, können sie möglicherweise falsch oder unangemessen reagieren.

- Kinder sind Künstler im Verbergen von traumatischen Reaktionen und Verschlüsseln von typischen Traumaanzeichen, vor allem wenn sie glauben, ihre Eltern oder wichtige Bezugspersonen würden sich darüber freuen, wenn sie tapfer oder stolz sind. Kinder leugnen und vermeiden Ängste, indem sie ihre Stärken zeigen wollen und nicht ihre Schwächen und dadurch Ängste leugnen oder vermeiden: *„ich bin größer, ich kann das besser, ich bin erster, ich bin schneller"*, usw.

- Kinder spielen eigentlich immer; oft sind es Erlebnisspiele, Rollenspiele, Fantasiespiele; nach außergewöhnlichen Erlebnissen können es sehr oft auch lösungsorientierte Wiederholungsspiele sein, die das traumatische Erlebnis zum Inhalt haben; das Spielen hilft beim Suchen von Lösungen und unterstützt den kindlichen Verarbeitungsprozess. Daher sollte das Spiel eine zentrale Rolle in der Arbeit mit traumatisierten Kindern einnehmen. Das Spielen traumatisierter Kinder kann unterschiedliche Ziele verfolgen und daher unterschiedliche Aspekte zum Inhalt haben: Traumatisches Spiel, spielerische Traumawiederholung und Traumabearbeitung durch Spielen: traumatisierte Erwachsene wiederholen häufig Ereignisse, die in irgendeiner Hinsicht das ursprüngliche Trauma repräsentieren. Ähnlich lassen auch Kinder traumatische Erlebnisse in ihrem Spiel wiederaufleben. Bei diesem das Trauma wiederholenden Spiel werden die Kinder von Gefühlen angetrieben, die sie mit dem ursprünglichen traumatischen Ereignis in Verbindung bringen. Wie Kinder eine extrem belastende Situation erlebt haben, müssen sie nicht unbedingt über ihre Sprache erklären, sondern können ihre Sicht der Dinge vielfach durch traumatische Spiele zum Ausdruck bringen. Viele Wiederholungen sind oft zu beobachten und immer wieder brechen die Kinder das Spiel ab, genau an dem Punkt, wo z.B. ihre Angst in Form von Bauchschmerzen auftritt. Möglicherweise wird ein Kind immer wieder zu demselben Spiel zurückkehren und es immer ein bisschen weiter spielen oder an der entscheidenden Stelle ein wenig verändern. Kinder suchen darin nach Lösungen und verschaffen sich Kontrolle über die traumatisierende Situation. Das traumatische Spiel ist aber auf keinen Fall ein Wunder- oder Allheilmittel. Auch darf es nicht zu einer Konfrontationsbehandlung geraten. Das traumatische Spiel kann bei einigen Kindern sehr langsam seine Belastung verringern. Bei einigen Kindern gelingt es aber auch nicht. In anderen Fällen ist zu beobachten, dass Kinder das traumatische Spiel wie unter Zwang wiederholen, ohne dass eine Besserung der Situation eintritt. In diesen Fällen kann das traumatische Spiel die Traumasymptome auch verstärken und retraumatisierend wirken. Traumatisches Spiel ist nicht gleichzusetzen mit Traumabearbeitung. Es kann die Verarbeitung erleichtern und unterstützen. Dabei sollte das Kind auf keinen Fall gedrängt, sondern ihm selbst die Geschwindigkeit des Spiels überlassen werden. Außerdem muss das traumatische Spiel angstfrei verlaufen. Hat ein Kind Angst beim Spiel oder erstarrt es sogar darin, dient das nicht der Bewältigung des Traumas. Kinder benötigen Kontrolle über ihre Handlungen. Verlieren sie Kontrolle, flüchten sie, verstummen oder können aggressiv werden. Aktive Flucht ist eine positiv anregende Reaktion in einer belastenden Situation.

Angstfrei ist ein Kind immer dann, wenn es strahlend grinst, in die Hände klatscht oder herzhaft lacht. Je langsamer die Bearbeitung und Verarbeitung eines Traumas erfolgt, umso besser. Eine Traumabearbeitung ist immer dann zu beobachten, wenn es im traumatischen Spiel zu kleinen Reaktions- oder Verhaltensänderungen des Kindes kommt. Erwachsene, die selbst unter unaufgelösten Traumata leiden, können ihren eigenen Kindern oft selbst nicht effektiv helfen, da sie selbst nicht selten sehr ungeduldig werden. Unaufgelöste Traumata können unter Umständen auf die Kinder übertragen werden. Traumatisierte Eltern sollten in solchen Fällen andere stabile Persönlichkeiten bitten, den Kindern zu helfen. Wenn Eltern nach Erkennen von traumatischen Reaktionen keine deutlichen Verhaltensänderungen beobachten können und sich die Grundstimmung des Kindes nicht einer freudigen und natürlichen Haltung nähert, sollten sie qualifizierte Expertenhilfe zu Rate ziehen.

Hilfe bei Kindern ist eine sehr komplexe Thematik, bei der neben den Eltern und Kinderärzten auch Lehrer und Kinder- und Jugendlichenpsychotherapeuten mit einbezogen werden sollten. In der Hilfe bei Kindern sollten Eltern und Helfer ihre eigenen Ängste nicht zeigen, da die Gefahr der Verunsicherung und Überforderung gefördert wird; besonders sensibel reagieren die kindlichen Frühwarnsysteme auf die Gefühle der eigenen Eltern. Die Eltern sind die Welt des Kindes und wenn die nicht mehr sicher ist, wie sollen es dann die Kinder sein? Kinder brauchen immer volle Aufmerksamkeit. Bei Hilfe für Kinder sollte daher folgendes beachtet werden:
  - Kinder möglichst schnell in Sicherheit bringen
  - Eltern, Lehrer und Bezugspersonen mit einbeziehen
  - so lange warten bis die Kinder sich beruhigt haben
  - den Kindern möglichst viel im Voraus erklären
  - wiederholen, wiederholen, wiederholen
  - Reden ist in diesem Fall Gold und Schweigen leider nur Silber
  - Hilfen bei Kindern sollten auch dort deren Stärken nutzen und ihnen Anleitungen geben, möglichst viel selbst zu tun
  - Eltern oder andere Helfer sollten Ruhe und Kompetenz zeigen und sich nicht durch Beziehungstests (werde ich geliebt oder kann ich wirklich vertrauen) verunsichern lassen.

Man braucht keine Angst zu haben, schlafende Hunde zu wecken. Daher sollten immer die Gefühle der Kinder angesprochen werden. Hilfreich und unterstützend können hier Kuscheltiere oder andere kleine Spielzeuge sein. Ebenso wichtig ist auch eine für das Kind verstehbare Klarheit und Wahrheit. Kindern sollten so viele Informationen wie möglich gegeben werden und sie sollten von Schuldgefühlen entlastet werden, indem Sie es z.B. immer wieder sagen: *„Du hast nichts verkehrt gemacht"*. Kinder müssen sehr schnell beruhigt werden, auch wenn sie älter sind: Kinder auf den Arm nehmen, tragen, Körperkontakt, ohne die Bewegungsfreiheit des Kindes einzuschränken; nicht hätscheln, sondern sanfte Berührungen. Die Symptome der Kinder sollten in Form von Bildern erfragt werden: was hat diese Angst für einen Namen, wie sieht sie aus? Die Sprache sollte bildhaft sein (wie fühlt sich der Schmerz an? Wie eine Beule, eine dunkle Wolke, eine Schramme, wie ein Angstmännchen...?) etc., Symptome sollten verwandelt werden in Farben, Gegenstände, Töne usw. Aber das Ereignis sollte nicht direkt angesprochen werden: besser ist es, Geschichten zu erzählen, Märchen vorzulesen, das Kind malen zu lassen, basteln oder wozu es gerade Lust hat. Kinder sollen ruhig weinen und wenn sie die Eltern rufen, sollten die Eltern immer(!!) hingehen. Kommen die Eltern nicht, lernt das Kind nur, dass es mit seinem Problem alleine bleibt, egal wie sehr es sich um Zuwendung bemüht. Die Heilfähigkeit des Kindes wird durch starke Zuwendung gefördert. Einem Kind sollte man nicht zu früh eigene Lösungsvorschläge anbieten. Wenn sich ein Kind wieder für seine Umwelt interessiert, dann beginnt es sich neu zu orientieren. Wenn das Kind sich beruhigt hat, sollten sich Eltern sehr viel Zeit nehmen, um dem Kind Geschichten zu erzählen, Rollenspiele zu machen, Fingerpuppen zu spielen etc., die das Ereignis zum Inhalt haben: Kinder können möglicherweise Scham, Schuld, Angst, Trauer, Verwirrung, Wut usw. empfunden haben. Wenn die Eltern sich selbst öffnen und dem Kind erzählen, dass sie auch schon mal etwas ähnliches erlebt oder gefühlt haben, rückt das, was das Kind empfindet, in die Nähe der Realität. Kind sollten hören, dass es völlig normal ist, in einer solchen Situation so zu empfinden und zu reagieren. Zuversicht und Hoffnung vermitteln klare Strukturen. Hilfreiche Wesen wie Der Kleine Samurai Mio Mio Mausebär, oder wie man sie z.B. bei Janosch findet, der kleine Tiger und der Bär, oder Biene Maja und Willi etc. , bieten einen wichtigen Orientierungspunkt. Eltern sollten nicht permanent darüber nachdenken, ob sie alles richtig machen, Kinder sind Gefühlsmenschen und nehmen das auf, was ihnen gut tut. Heilung hängt eng zusammen mit dem Wahrnehmen von Gefühlen. Heilung ist ein langsamer Prozess, der langsamer verläuft, als Menschen es sich oft wünschen. Wie fühlt sich etwas an, wie reagiert etwas, wie verändert sich etwas? Kinder entscheiden selbst das Tempo. Eltern und Helfer sollten kleine und sichere Schritte mit dem Kind gehen. Und man braucht viel Geduld mit den Kindern! Kinder müssen sich zwischendurch ausruhen können und dürfen sich auch mal langweilen. Langeweile ist eine Phase der kreativen Indifferenz, d.h. Kinder müssen sich ab und zu langweilen, um auf neue Ideen und Lösungen zu kommen. Kinder benötigen klare Informationen und eine verständliche Sprache. Erklärungen müssen altersgerecht sein. Dem Kind sollte die Wahrheit gesagt werden, nichts als die Wahrheit, aber niemals die ganze Wahrheit. Auch Gefühle des Kindes können angesprochen werden. Kinder brauchen Eltern und Bezugspersonen als Garanten für Sicherheit. Nach den unvorstellbaren Terroranschlägen in New York war z.B. besonders bemerkenswert, dass unmittelbar nach dem Anschlag und in den Folgetagen eine der am häufigsten zu beobachtenden Erstreaktionen bei Kindern und Jugendlichen folgende war: Sie machten sich auf den Weg zu den Eltern oder Großeltern, um sich dort in die Betten zu setzen, darin zu schlafen oder ihre Hausaufgaben zu machen oder Fernsehen zu schauen. Selbst wenn die Eltern oder Großeltern nicht zu Hause waren, verbrachten sie dort Stunden und manchmal sogar Tage. Offensichtlich haben die Kinder und Jugendlichen die Betten mit einer Art sicherem Ort in Verbindung gebracht. Außerdem war zu beobachten, dass Jugendliche im Alter zwischen 14 bis 17 Jahren nach den Terrorattacken plötzlich zu dauerhaften Zeitungslesern geworden sind, obwohl sie vorher nie eine Zeitung angefasst, geschweige denn gelesen haben. Wenn bei Kindern nach belastenden Ereignissen nach etwa drei Monaten immer noch deutliche Verhaltensänderungen festzustellen sind, sollten fachliche Hilfe von Kinder- und Jugendlichenpsychotherapeuten in Anspruch genommen werden. Eltern sollten aber vorher immer mit dem Kinderarzt sprechen! Zwei der wichtigsten Verhaltensauffälligkeiten bei hochbelasteten Kindern sind:

1. wenn Kinder dauerhaft und offen aggressiv werden (über Sprache oder Handlungen) oder autoaggressive Reaktionen mit selbstverletzenden Tendenzen zeigen
2. wenn Kinder plötzlich verstummen und sich nicht mehr mitteilen (Ruhe vor dem Sturm)

Weitere Symptome unbewusster Spannungsabfuhr und traumatischer Reaktionen bei Kindern können sein:
- nächtliches Zähneknirschen
- Rückfall in frühkindlichere Verhaltensweisen, z.B. Bettnässen, Daumenlutschen …
- Knibbeln, Fingernägelkauen, Haareraufen, Kratzen
- zwanghafte Handlungen, wie z.B. wiederholtes Schlagen einer Puppe mit einem Spielzeugauto, können exakte Wiederholung des Traumas sein
- Ticks

- hartnäckige Kontrolle von Vorgängen
- Hyperaktivität und starke motorische Unruhe
- Schreckhaftigkeit
- Umsichschlagen im Schlaf
- wiederholtes nächtliches Aufschrecken, Alpträume
- Konzentrationsstörungen in der Schule, Vergesslichkeit
- Streitsucht oder Scheu, überstarke Zurückgezogenheit oder Ängstlichkeit
- starke Anhänglichkeit
- Kopfschmerzen, Magenschmerzen oder andere Beschwerden ohne bekannten
  Ursprung

Kinder verarbeiten emotionalen Stress und Trauma oft sehr kreativ: in Geschichten, in Spielen oder in Bildern können sie ihren Gefühlen und Erlebnissen eine Gestalt geben und diese dann nach ihren Wünschen und Vorstellungen verändern und Lösungsfantasien darin entwickeln. Hier ein Beispiel:

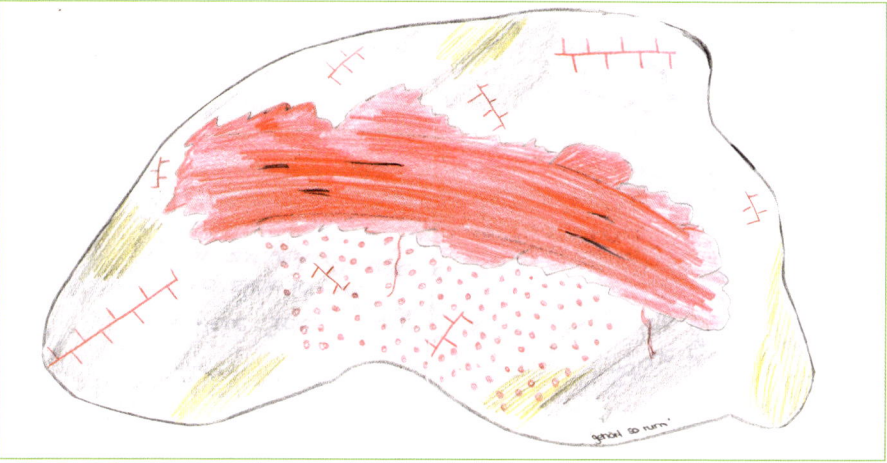

Katharina, 15 Jahre: Katharinas Vater wurde bei einem Amoklauf erschossen; Katharina malte ihre zerrissene Seele. Das große Rote ist die Wunde, die durch den Tod des Vaters entstanden ist. Die roten Tropfen sind Blut. Die roten Striche sind Narben von früheren, schlechten Erinnerungen und Verletzungen. Das Gelbe sind schöne Erinnerungen und Freuden.

2011 – Katharina ein halbes Jahr später: die Wunde ist immer noch da, aber sie blutet nicht mehr. Das Schwarze steht für die kindliche Trauer. Zusätzlich erscheint ein Wasserbecken: *„immer wenn ich weine, geht die Schnur auf und die Tränen laufen hinein, dann geht die Schnur wieder zu. Das Becken läuft zur Zeit fast über"*.

90
—
91

Mensch ärgere dich, Mensch fühl es, Mensch sag es, Mensch zeig es, Mensch mach es!

Um herauszufinden was Sie belastet und was Sie tun können, damit es Ihnen wieder besser geht, stellen Sie sich vor, Sie würden sich selbst von außen betrachten, stellen Sie sich neben sich, betrachten Sie sich von einem Balkon aus oder wenn der Blick noch weiter gehen soll, von einem Hubschrauber aus und dann stellen Sie sich folgende vier Fragen und beantworten sie:

Die Situation:
   1. Was tue ich gerade?
   2. Wie geht es mir dabei?
   3. Was würde ich gern tun?
   4. Was vermeide ich?

Die Vermeidung:
   - Ziel ist es herauszufinden, was eigentlich Ihr Wunsch und Bedürfnis ist, was wirklich gut und angenehm für Sie wäre und nicht was „richtig" wäre zu tun oder was andere von erwarten würden
   - was vermeiden Sie? Machen Sie sich Ihr Vermeidungsverhalten bewusst, dann können Sie entscheiden, ob es für Sie nicht besser wäre, doch Ihrem Gefühl zu folgen
   - was müssten Sie „opfern", damit es Ihnen besser geht?

Der Ausweg:
   - Nehmen Sie Ihre Gefühle schon im Zeitpunkt des Entstehens wahr („Bauchgefühl")
   - Benennen Sie Ihr Gefühl möglichst genau (z.B. „ich bin enttäuscht", „ich bin traurig", ich bin wütend", „ich ärgere mich"...)
   - Drücken Sie Ihr Gefühl der Situation entsprechend aus: sagen sie es, zeigen Sie es, tun Sie es!

Da lernt man endlich mal einen netten Menschen kennen und am Ende stellt man fest, man ist es selbst.

Selbsttest und Symptomcheck

Wie geht es mir? Um sich selbst die Frage zu beantworten, kann es hilfreich sein, in sich hineinzuspüren. Aber da fängt das Problem oft schon an. Fühle ich wirklich? Oder denke ich Gefühle? Tue ich wirklich genau das, was gut für mich wäre? Oder tue ich das, was andere von mir erwarten? Um das herauszufinden, kann es hilfreich sein, sich bewusst zu machen, ob mein Verhalten durch den Kopf gesteuert wird (z.B. durch Gebote und Verbote) oder ob ich auf meinen Bauch „höre" und mich von meinen Gefühlen leiten lasse?

Manchmal spüren wir nur Leere, wo Trauer wäre oder wir spüren Resignation, wo Wut sein könnte. Wir machen uns innerlich kleiner, machen uns Selbstvorwürfe oder unangemessene Schuldgefühle. Manchmal ist unsere Wut und Aggression blockiert, aus Angst, wir könnten einen anderen Menschen verletzen. Der Zugang zu unseren Gefühlen scheint verbaut und wir erleben uns so, als würden wir jeden Augenblick aus der Welt herausfallen. Wir sind enttäuscht und ziehen uns zurück. Ein anderes Mal beziehen wir alles negativ auf uns, glauben, für alles verantwortlich zu sein, obwohl wir es nicht sind. Manchmal sagen wir „Ja", wo es besser wäre „Nein" zu sagen, ärgern uns dann aber im Nachhinein, weil wir es mal wieder nicht geschafft haben, uns abzugrenzen und auf uns zu achten, es ging dann wieder nur auf die eigenen Kosten, weil wir erneut Lebenszeit und Energie für andere verbraucht haben, die wir für uns selbst hätten dringend nutzen sollen. Wie oft sagen wir „ich kann nicht" obwohl wir fühlen „ich will nicht"?

Das Wort „Selbst" taucht bei der Frage nach unserem Wohlbefinden in unterschiedlicher Form auf: Selbstwertgefühl, Selbstbewusstsein, Selbstsicherheit, Selbstverantwortung usw. Aber was ist das „Selbst" eines Menschen eigentlich?

Selbstverständlich ist es jedenfalls nicht. Das „Selbst" eines Menschen ist eine Mischung aus zwei Bestandteilen:

  - die „verinnerlichten Eltern", z.B. in Form von Geboten und Verboten, Normen, Regeln, Vorschriften oder Lebensbotschaften und
  - das Gefühl, das ich fühle, wenn ich an „mich" denke.

Was fühlen Sie, wenn Sie jetzt an sich denken?

Um herauszufinden, ob wir durch äußere Lebensumstände oder –ereignisse von unserem inneren Lebensweg abgewichen sind, kann ein Blick auf unsere Gefühlswelt aufschlussreich sein. Hierbei bekommen wir Zugang über die Beschreibung von Symptomen oder die Wahrnehmung veränderter Verhaltensweisen.

Um die eigene Stabilität bzw. Risikoanfälligkeit in akuten Krisensituationen zu testen, haben wir Ihnen die nachfolgende Checkliste erstellt. Sie kann nur einen ersten Zugang zum Thema ermöglichen, weitergehende Aussagen sind nur im Dialog mit einem Arzt oder Therapeuten zu treffen.

Achtung! Bitte beachten Sie den folgenden wichtigen Hinweis:
Die nachfolgende Risikocheckliste ist unverbindlich. Sie hat lediglich
informativen Charakter. Die Beantwortung der Fragen ersetzt nicht
die Hilfe und Unterstützung durch vertraute Menschen und speziell
ausgebildete Fachleute. Bei körperlichen Beschwerden oder länger
andauernden Symptomen, egal welcher Art, sollten Sie in jedem Fall
immer einen Arzt oder fachlich anerkannten (approbierten) Psychotherapeuten aufsuchen.

Falls Sie **mehr als acht der folgenden Aussagen mit „Ja" beantworten**, empfehlen
wir Ihnen eine weiterführende, persönliche Risikoanalyse oder Diagnostik von einem
der o.a. Heilkundler durchführen zu lassen, um das Risiko der Entstehung einer seelischen Belastungsreaktion oder einer Erschöpfungsdepression (Burnout) zu vermeiden.

Dringender Handlungsbedarf kann aber auch schon dann notwendig
sein, wenn nur einzelne Fragen mit einem deutlichen Ja beantwortet
werden, wie z.B. die Frage danach, ob Sie häufig Suizidgedanken haben.
Alleine das sollte schon Grund genug sein, sich Hilfe zu holen.

Die u.a. Aussagen basieren auf wissenschaftlich fundierten Testverfahren, wie z.B.
dem Risikofragebogen zur Erfassung für verschiedene Traumaopfergruppen von Prof.
Maercker und anderen, dem IES-R (Impact of Event Scale – revidierte Form), PDEQ
(Peritraumatic Dissociative Experiences Questionnaire) und der PTSS-10 (Posttraumatische Stress Skala –10).

Aussagen zum persönlichen Risikoprofil:

	NEIN	JA
Ich bin mit meinem privaten Leben generell eher unzufrieden	❏	❏
Ich bin mit meinem Berufsleben generell eher unzufrieden	❏	❏
Ich zweifele sehr oft am Wert meiner Arbeit	❏	❏
Ich habe schon andere einschneidende Erlebnisse in meinem Leben erfahren, z.B. Tod oder Verlust von nahestehenden Angehörigen oder Freunden; schwere Erkrankungen oder Verletzungen, schwere Unfälle mit Krankenhausaufenthalt	❏	❏
Ich habe lebensbedrohliche Situationen erlebt, in denen ich Todesangst hatte und glaubte, gleich sterben zu müssen	❏	❏
Ich erhalte in meinem privaten Leben sehr wenig Wertschätzung und Unterstützung	❏	❏

	NEIN	JA
Wenn ich an die Zukunft denke, fühle ich mich oft ängstlich und unsicher	❏	❏
Ich habe oft Bilder und Gedanken in meinem Kopf, die mich nicht loslassen, obwohl das Ereignis schon länger als ein halbes Jahr zurückliegt (Grübelzwänge und belastende Erinnerungsbilder)	❏	❏
Ich unterdrücke oft meine Aufregung; meine gefühlte Zeit kommt mir oft länger vor als sie es wirklich ist	❏	❏
Ich fühle mich oft ohne Grund gereizt und ärgerlich	❏	❏
Ich habe oft das Gefühl wie betäubt zu sein; es ist, als würde ich die Welt nur durch Glasbausteine sehen, ich gehe neben meinen Schuhen her und fühle mich wie in Watte gepackt	❏	❏
Es fällt mir oft schwer, mich zu konzentrieren und ich bin sehr vergesslich geworden	❏	❏
Ich schlafe seit mehr als sechs Monaten weniger als sechs Stunden pro Nacht	❏	❏
Ich wache oft nachts schweißgebadet auf	❏	❏
Ich bekomme häufig Atemnot und / oder Schwindelgefühle und Herzklopfen ohne erkennbaren Grund	❏	❏
Ich vermeide es, über meine Sorgen und Probleme zu sprechen	❏	❏
Ich fühle mich oft hilflos und allein	❏	❏
Ich bin oft ohne Grund traurig und frustriert	❏	❏
Ich fühle mich auch in meiner vertrauten Umgebung oft sehr unsicher und ängstlich	❏	❏
Ich schäme mich häufig für meine Gefühlsreaktionen, es ist mir peinlich	❏	❏
Ich denke oft an das Sterben	❏	❏
Ich habe oft Momente, in denen ich nicht mehr weiß, was vor sich ging, ich fühlte mich so, als ob ich nicht Teil von dem war, was passierte	❏	❏
Ich fühle mich oft so, als ob ich automatisch handeln würde, ich habe Dinge gemacht, zu denen ich mich gar nicht bewusst entschlossen habe, wie ich später merkte	❏	❏
Ich fühle mich manchmal wie ein Zuschauer, der das eigene Leben von außen betrachtet und nicht das Gefühl hat, selbst beteiligt zu sein	❏	❏
Ich habe manchmal das Gefühl, dass Dinge um mich herum unwirklich, wie im Traum oder in einem Film geschehen; es gibt Momente, in denen mein Gefühl für meinen Körper gestört zu sein scheint, ich fühle mich wie abgetrennt von meinem Körper	❏	❏
Ich habe häufig das Gefühl, dass Dinge, die anderen passieren, mir geschehen würden	❏	❏

	NEIN	JA
Ich erschrecke mich leicht, wenn ich plötzlich Geräusche oder plötzliche Bewegungen wahrnehme	❏	❏
Ich leide oft unter Alpträumen	❏	❏
Ich habe häufig massive Stimmungsschwankungen	❏	❏
Ich habe oft ein unangemessen schlechtes Gewissen, mache mir Selbstvorwürfe und habe Schuldgefühle	❏	❏
- mein Körper ist oft verspannt (Muskelverspannungen) und ich habe Schmerzen, ohne dass es eine organische Ursache gibt	❏	❏
Ich knirsche, presse und klappere nachts mit den Zähnen	❏	❏
Ich habe einen hohen Alkoholkonsum	❏	❏
Ich fühle mich durch die Äußerungen anderer Menschen oft gekränkt	❏	❏
Ich habe oft keinen Appetit, vergesse zu essen oder mir wird bei dem Anblick und Gedanken an Essen schlecht	❏	❏
Ich leide seit mehr als sechs Monaten ohne organische Ursachen an Magenbeschwerden / Darmbeschwerden / Rückenbeschwerden	❏	❏
Ich fühle mich oft grundlos müde, erschöpft und antriebsschwach	❏	❏
Ich bin sehr anfällig für Infekte und Kopfschmerzen und Migräne	❏	❏
Ich bin oft erschöpft ohne körperliche Anstrengung	❏	❏
Ich leide oft unter Gedankenterror und Grübelzwängen	❏	❏
Andere Menschen sind mir oft gleichgültig oder machen mich aggressiv	❏	❏
Ich fühle mich oft teilnahmslos der Umwelt gegenüber	❏	❏
Ich habe häufig Suizidgedanken	❏	❏
Ich brauche sehr lange Zeit um mich zu entspannen und abzuschalten	❏	❏
Spielen, Spaß und Humor machen mir keine Freude	❏	❏
Ich bin schon mal Opfer einer Gewalttat geworden	❏	❏
Ich hatte schon mal einen Hörsturz oder leide unter Tinnitus	❏	❏
Ich nehme regelmäßig Beruhigungs-, Schmerz-, stimmungsaufhellende oder Schlafmittel ein	❏	❏
Ich fühle mich oft unglücklich	❏	❏

Das 11. Gebot lautet: ICH bin der wichtigste Mensch in MEINEM Leben! Der beste Therapeut sind Sie selbst! Vertrauen Sie Ihrer Kraft!

Was hilft einem Menschen in schwierigen Zeiten wirklich? Wie wichtig ist die innere Einstellung und Überzeugung für die Gesundheit? Wie wichtig ist der Glaube an die eigene Kraft?

Manchmal ist es auch hilfreich, im richtigen Augenblick loszulassen. Manchmal müssen wir etwas opfern, um uns frei zu fühlen.

- Ruhe und Abstand stabilisieren
- Informationen geben Sicherheit
- Gedanken können zu Heilmitteln werden
- Ablästern und Sport schaffen Distanz
- Essen tröstet
- zuverlässige und widerstandsfähige Personen geben stellvertretend Hoffnung und Zuversicht
- Wertschätzung hilft heilen und manchmal heilt auch die Zeit

Medicus curat, natura sanat.
Der Arzt behandelt, die Natur heilt.

ICH der Supertherapeut

Freiheit ist, wenn ich mir die Regenjacke anziehe,
obwohl meine Frau sagt: zieh dir die Regenjacke an!

Staunen („sich wundern")

Als Menschen haben wir fünf Grundgefühle, das sind Trauer, Wut, Freude, Ärger und Orgasmus (nach Fritz Perls (auch Frederick S. Perls), einem maßgeblichen Begründer der Gestalttherapie). Wut und Ärger sind von der Gefühlsenergie sehr ähnlich, sie unterscheiden sich lediglich durch die Richtung: Ich ärgere mich über mich und ich bin wütend auf andere. Diese fünf Grundgefühle bestimmen unser Leben, sie bestimmen unsere Gesundheit.

Es gibt jedoch noch ein sechstes Gefühl, das allerdings im Laufe der Jahrhunderte völlig in Vergessenheit geraten ist und das ist das Staunen. Das Staunen galt in der Antike als Voraussetzung für die menschliche Existenz und das Denken überhaupt. Heute hat man das Gefühl, als könnten nur noch die Dummen und die Kinder staunen. Wenn ich aber sehe, wie oft meine Töchter staunen, desto mehr wird mir klar, dass Staunen, d. h. also sich wundern, eine starke Kraft ist, um die Gesundheit zu erhalten.

Staunen bedeutet auch, Dinge nicht für selbstverständlich zu nehmen (Martens, E.: Vom Staunen oder die Rückkehr der Neugier, Leipzig: Reclam 2003). Staunen heißt, sehr achtsam zu sein, sich auch an kleinen Dingen erfreuen zu können und Staunen bedeutet dann auch irgendwann, abends ins Bett gehen zu können und beim Einschlafen nicht mehr an dieses schlimme Erlebnis zu denken, dass ich erlebt habe, und morgens nicht als Erstes daran zu denken. Wenn wir wieder staunen können, dann sind wir auf dem besten Weg, gesund zu sein und gesund zu bleiben und damit möchte ich Ihnen noch eine abschließende Geschichte erzählen; diese Geschichte nenne ich

Tot oder lebendig?

Es geschah vor sehr langer Zeit und ich kann mich nicht genau daran erinnern, wo es war und wann es geschehen ist. Ich kann noch nicht einmal sagen, ob es ein Mann oder eine Frau war, der das widerfahren ist, aber weil ich ein Mann bin, sage ich einfach einmal, es war eine Frau, der es passiert ist.

Es gab vor langer Zeit einmal eine Frau, die sehr berühmt dafür war, dass sie auf jede Frage, die man ihr gestellt hat, immer eine passende und hilfreiche Antwort wusste. Wie es so ist, wenn man in einem Bereich sehr erfolgreich ist, dann gibt es immer sehr schnell Neider, die diesen Erfolg nicht gönnen. Und so gab es in diesem Fall der jungen Frau auch einen Mann, der sagte, es kann doch nicht wahr sein, dass diese Frau auf jede Frage, die man ihr stellt, immer eine Antwort weiß. Ich muss ihr einmal beweisen, dass sie die Unwahrheit spricht, einmal beweisen, dass sie lügt und dadurch, dass ich ihr das nachweise, werde ich dann selber berühmt. Daraufhin hat der Mann sich dann einen Plan ausgedacht, hat sich überlegt, irgendwann komme die Frau zu ihm hier in die Stadt, dann werde er auch dort hingehen, er werde einen kleinen Vogel mitnehmen, werde diesen in die Hände nehmen, sich vor die Frau hinstellen und fragen *„Sagen Sie mal, ist das, was ich hier in meinen Händen halte tot oder lebendig."* Würde die Frau sagen, dass es lebendig sei, dann würde er die Hände einmal feste zudrücken und öffnen. Alle Welt würde sehen, der kleine Vogel ist tot und die Frau hat die Unwahrheit gesagt. Würde die Frau sagen, das ist tot, was Sie in den Händen halten, würde der Mann die Hände öffnen, der Vogel fliegt aus seinen Händen und auch dann würde die Welt sehen, dass die Frau die Unwahrheit gesprochen hat. Das war sein Plan und es kam, wie es kommen musste. Eines Tages war die Frau bei ihm in der Stadt, Menschen standen in langer Schlange, stellten ihre Fragen, bekamen Antworten und dann war der junge Mann an der Reihe. Er griff in seine Tasche, nahm diesen kleinen Vogel in seine Hände, stellte sich vor die Frau hin und fragte sie *„Sagen Sie mal, ist das, was ich hier in meinen Händen halte tot oder lebendig?"* Die Frau schaute ihn eine Weile an und antwortete: *„Die Antwort liegt ganz allein in Ihren Händen."*

Essen und Trinken hält Leib und Seele zusammen

Wenn wir in unserem privaten und/oder beruflichen Alltag unterschiedlichen Belastungen ausgesetzt sind, ist es ganz wichtig, auf den Selbstschutz und die Psychohygiene zu achten. Psychohygiene und Selbstschutz bedeutet, dass wir Dinge tun müssen, die dazu beitragen, unsere seelische Gesundheit zu erhalten.

Wecke den Tiger in dir, er ist die Kraft zur Selbstheilung

Je größer die Belastungen unseres Lebens, unseres Arbeitsalltages sind, um so wichtiger ist es, darauf zu achten, in der Freizeit Dinge zu tun, die unglaublich viel Spaß und Freude bereiten, aber nicht unbedingt einen tiefen Sinn ergeben. Es ist wichtig, dass sie aber viel Spaß machen, dass sie uns sehr zufrieden und sehr glücklich machen, um die natürlichen Selbstheilungskräfte zu stärken.

Was hilft heilen?

Am Ende natürlich die wichtigste Frage *„Was hilft denn heilen? Was hilft einem Menschen in oder nach einer schwierigen Situation, die er erlebt hat?"* Das Wort HEILEN ist ein sehr schönes, altes, deutsches Wort. Eine meine Töchter sagte einmal vor ein paar Jahren, als sie mit ihrer kaputten Puppe an meiner Seite stand *„Papa, mach mal heile!"*. Der Arm der Puppe war ab und ich habe ihn wieder repariert, die Puppe war wieder heile und die Therapie erfolgreich. Duden, S. 275f: heil bedeutet *„gesund, unversehrt, gerettet, ganz, völlig, vollständig. Frisch und ungeschwächt"*. Heilfroh ist man, wenn man ganz und gar froh ist. Heil bedeutet: Glück, Gesundheit, Rettung, Beistand. Im Christentum bedeutet Heil auch die Erlösung von den Sünden und Gewährung der ewigen Seligkeit. Therapie hat im Übrigen auch den gleichen Wortursprung, Therapie kommt von therápōn (siehe oben), was so viel heißt wie heilen. Therapie heißt also nichts anderes, als die Ganzheit eines Menschen wiederherzustellen, nachdem ich vorher geschaut habe, was denn diesem Menschen fehlt. Und wenn ein Kind Sie fragt: *„Kannst du das heile machen?"* dann ist das Spielzeug wieder ganz in dem Moment, wo das abgebrochene Teil wieder befestigt ist. Heile! Zusammengefasst können wir sagen, dass mit Selbstheilung der Prozess beschrieben werden soll, in dem ein Mensch wieder selbständig vollständig wird. Seelische Verletzungen und seelische Selbstheilung sind ähnlich einer körperlichen Verletzung und der körperlichen Selbstheilung: Bei einer Schnittwunde z. B. blutet zuerst die Wunde. Irgendwann hört die Blutung auf und die Wunde verschließt sich. Jetzt ist die Wunde noch sehr empfindlich und kann bei dem kleinsten Druck wieder aufgehen. Noch schmerzt die Wunde. Wenn Keime in die Wunde geraten sind, kann sie sich entzünden und muss entsprechend ärztlich versorgt werden. Mit etwas Zeit heilt die Wunde immer weiter. Sie schmerzt immer weniger und wird zunehmend belastbarer. Manchmal juckt die Wunde. Irgendwann ist die Wunde ausgeheilt. Es kann vielleicht eine Narbe zurückbleiben, die an die Verwundung erinnert. Aber die Narbe tut nicht weh. Der Satz: *„Die Zeit heilt alle Wunden"* kann stimmen. Aber vielleicht auch nur teilweise. Traumata sind zwar sehr schwere seelische Verletzungen, die einen ganz besonderen Verlauf haben und ganz besondere Hilfe erfordern, aber am Ende sind es doch Wunden, die auch heilen können.

Stabilisierung, Ruhe und Abstand

Wichtig für Interventionsstrategien ist die Frage *„Was kann ich tun, um einem Menschen zu helfen?"* (www.akutintervention.de). Hier liefert die Psychotherapieforschung ganz wichtige Ergebnisse, eben was überprüfbar ist; Ergebnisse, die nicht zufällig entstanden sind, die kontrollierbar sind und die wiederholbar sind, zeigen, dass einem Menschen besonders hilfreich ist, ihn zu stabilisieren, ganz viel Ruhe und Abstand zu bewahren, den Menschen nicht mit dem Ereignis immer wieder zu konfrontieren, ihn also möglichst schnell auch von dem Ort des Geschehens wegzubringen an sichere Orte, in gewohnte

Umgebung mit Menschen, denen er vertrauen kann, und damit eine wichtige Grundlage zu legen, um die natürlichen Selbstheilungsmechanismen in Gang zu setzen.

Aufklärung und Information

Ein weiterer wichtiger Punkt ist auch Aufklärung und Information. Menschen müssen nach einem traumatischen Ereignis aufgeklärt werden, sie müssen informiert werden. Menschen müssen wissen, dass die Symptome, die sie zeigen, eine völlig normale Reaktion auf dieses verrückte Ereignis sind; schwierige Phasen sind selbstverständlich im Leben. Aufklärung und Information geben Sicherheiten. Wenn ich einem Menschen erkläre und genau sage, wie die nächsten Tage, Wochen und Monate aussehen, dann kann dieser Mensch für sich kontrollieren, wo er/sie in dem Heilverlauf steht und damit dann auch Hoffnung und Perspektiven entwickeln, dass das Ganze am Ende erfolgreich verlaufen wird. Was Menschen ganz besonders hilft, ist Wertschätzung, Wertschätzung hilft heilen. Je größer die Wertschätzung ist, die man einem Menschen nach einem traumatischen Ereignis entgegenbringt, desto besser sind die Heilverläufe. Wertschätzung, das müssen keine großen Dinge sein, Wertschätzung heißt einfach, Anteil nehmen, ein Blumenstrauß, ein Gutschein für ein Essen, eine freundliche oder liebevolle Bemerkung *„Es tut mir Leid, was Ihnen passiert ist"*, das kann man auch als Therapeut oder als Vorgesetzter machen, dass man einem Menschen als Mitmenschen begegnet.

Ein Trauma kann auch verglichen werden in der Vergangenheit mit einem Kratzer auf Vinylschallplatten – die älteren Menschen wissen es noch, wenn diese Schallplatten früher einen Kratzer hatten, dann blieb die Nadel dort hängen und kam nicht über diese Stelle hinweg. Ähnlich verhält es sich mit einem Trauma, manchmal ist es ein kleiner, aber sehr einschneidender Kratzer, der dazu führt, dass das Leben nicht so weiter spielt, wie es dies ohne diesen Kratzer tun würde. Früher hat es geholfen, die Nadel dann in die nächste Rille zu heben; so bedeutet Hilfe oft, eine direkte aktive Hilfe den Menschen, den Patienten, den Betroffenen zukommen zu lassen. Ich muss sie an die Hand nehmen, was manchmal manipulativ sein kann im wahrsten Sinne des Wortes.

An die Hand nehmen und Trösten

Hilfe ist immer manipulativ (lat. manus, Hand / pulare, ziehen). Manus pulare im Lateinischen heißt *„an die Hand nehmen – an der Hand ziehen"*. Wenn man einen ertrinkenden Menschen aus dem Rhein rettet, ist das immer Manipulation und das ist nichts Schlechtes, sondern eine aktive Hilfe. Traumabetroffene brauchen sehr direktive, sehr aktive Hilfe; weiterhin ist wichtig, die Aufmerksamkeit ganz bewusst auf schöne, angenehme Dinge umzulenken. Es ist nicht gut, sich immer mit dem schlimmsten Teil des Erlebten zu beschäftigen. Konfrontation bedeutet Erlebnisaktivierung. Erlebnisaktivierung und Konfrontation bedeuten, dass die grauenvollen Bilder immer und immer wieder wachgerufen werden und damit bedeutet Konfrontation Erlebnisaktivierung und Erlebnisaktivierung bedeutet Retraumatisierung. Aus der Hirnforschung wissen wir, dass bei emotionalem Stress im Schmerzzentrum des Gehirns die bekannten Stresshormone freigesetzt werden, Adrenalin und Noradrenalin; körpereigene Opiate werden freigesetzt, die Denken, Fühlen und Handeln voneinander entkoppeln und das führt dazu, dass es dann nicht planbare, nicht vorhersagbare Reaktionen gibt. Die besten Forschungen stammen aus so genannten bildgebenden Verfahren. Man kann also heute im Rahmen der Gehirnforschung im Gehirn sehr deutlich farbig und dreidimensional abbilden, was bei Trauma und bei Stress passiert. Interessant ist dabei die Erkenntnis, dass das Schmerzzentrum regelrechte Neuronen-Feuerwerke abbrennt, die aber nach Beendigung des schmerzhaften, traumatischen Ereignisses nicht aufhören, sondern oft über Wochen und Monate ihre Aktivität beibehalten. Das bedeutet für die Heilung, für die Stabilisierung eines Menschen, dass eher das so genannte Motivationszentrum im Gehirn aktiviert werden muss, um eine Erleichterung oder Linderung herbeizuführen. Motivationszentrum nennen die Hirnforscher einen Bereich im Gehirn, in dem ein Hormoncocktail gemischt wird, der dazu führt, dass es uns besser geht. Dieser Hormoncocktail besteht aus Serotonin und Dopamin, den beiden wichtigsten Hirnbotenstoffen. Sie gehören zur Gruppe der Endorphine, den so genannten Glückshormonen. Dazu kommen dann körpereigene Opiate und das Bindungs- und Vertrauenshormon Oxytozin.

Langsames Umlenken der Aufmerksamkeit und Aufbau von Hemmungen

In dem Moment, wo wir natürliche Rauschzustände erleben, wo wir viel Spaß und Freude haben, wird das Motivationszentrum im Gehirn aktiviert und das führt dazu, das neuronale Verbindungen zum Schmerzzentrum aufgebaut werden, der Schmerz nachlässt und das traumatische Ereignis verarbeitet werden kann. In der Hypnotherapie spricht man davon, Hemmungen aufzubauen, d. h. also nicht auf die schlimmsten Dinge zu blicken, sondern die Aufmerksamkeit und den Blick in die Zukunft zu richten, eine Vorstellung davon zu bekommen, wie es sein könnte, wenn es mir wieder besser geht. Hier gibt es zahlreiche kreative Techniken, die Wunderfrage oder die Erfolgsliste, mit der gearbeitet werden kann, die dazu führen, dass sehr viel, sehr stark die Ressourcen eines Menschen genutzt werden, um das traumatische Ereignis zu überleben.

Wiederherstellung von Sicherheit

Noch einmal in Erinnerung an den Religionsunterricht, dort gibt es die Geschichte von Frau Lot, die in der Bibelgeschichte das erlebt hat, was wir heute als ein schweres Trauma bezeichnen würden. Frau Lot hat ihre Kinder und ihren Mann verloren, Tot, Krankheit, ein abgebranntes Haus, alles das hat sie erlebt. Sie wird aufgefordert, den Ort zu verlassen, sich nicht umzudrehen. Am Ende dreht sie sich aber doch um und erstarrt zur Salzsäule. Zur Salzsäule erstarren, das ist ein Bild, das sehr leicht erklärt werden kann, denn Tränen eines Menschen sind salzhaltig und wenn ein Mensch nur noch weint, nur noch auf die schlimmsten Dinge blickt, dann erstarrt er irgendwann zur Salzsäule, das bedeutet auch, zu viel Analyse führt zu Paralyse.

> *Jede Minute, die du in der Vergangenheit bist, fehlt dir in der Gegenwart.*
>
> Fritz Perls

Nach einem leidvollen Ereignis ist es grundlegend, sich mit den wichtigsten Dingen zu beschäftigen, d. h. also so viel Vergangenheit wie nötig aber so viel Zukunft wie möglich zu verschaffen; also immer wieder die Ressourcen zu nutzen und die Aufmerksamkeit in die Zukunft zu richten.

Wiedergewinnung von (Selbst)Kontrolle

Das Wichtigste aber, was einem Menschen nach einem traumatischen Lebensereignis hilft, das ist die unmittelbare Anwesenheit einer stabilen Persönlichkeit. Ein stabiler Mensch, der nicht weinend vom Stuhl fällt, wenn er die schlimmste Geschichte hört, der das Prinzip der stellvertretenden Hoffnung, der stellvertretenden Zuversicht vermittelt, der da ist, der aushält, der Vieles regelt, das ist das, was einem Menschen hilft. Es sind also nicht unbedingt die Experten, die Psychologen, die Mediziner, die helfen, sondern die Anwesenheit eines einzelnen besten Freundes, eines Partners, eines Vorgesetzten, einer Kollegin ist ausreichend, um einem Menschen darüber den Weg in die Normalität wieder zu ermöglichen.

Ein einziger Mensch reicht aus, damit mein Leben wieder ins Gleichgewicht kommt. Ein Mensch, der auch in schwierigen Zeiten zu mir hält und keine Vorwürfe macht. Es kann eine Freundin sein, oder vielleicht ein Freund. Ein Angehöriger oder eine Kollegin. Eine Vertrauensperson, die mir stellvertretend Hoffnung und Zuversicht vermittelt, mich tröstet, mir Sicherheit gibt und an mich glaubt.

Menschen die keinen einzigen Menschen an ihrer Seite haben, können sich helfen mit einem bezahlten Freund, wie Therapeuten auch genannt werden.

Bezahlte Freunde

Es gab auch in meiner Jugend- und Erwachsenenzeit immer wieder Erlebnisse, die mit Kränkungen, Verletzungen und Bedrohungen zu tun hatten. Teilweise waren es Grenzerfahrungen und auch nahe Todeserfahrungen, wie bei einem schweren Motorradunfall oder als mir eine Waffe an den Kopf gehalten wurde. Ich habe viel gelernt von den Menschen, die mich sehr nah an sich gelassen haben und es heute immer noch tun, die mir ihre Lebensgeschichten anvertraut haben mit allem Leid und unvorstellbaren Erlebnissen, die Außenstehende als unmöglich betrachten würden, würden sie davon erfahren. Kein Mensch, kein Drehbuchautor kann sich Geschichten ausdenken, die das Leben schreibt. Geschichten, die viele Menschen als normal erleben, weil sie ein anderes Normal nicht kennen gelernt haben. Eine Patientin sagte einmal *„Wenn mein Vater mich nicht geschlagen hätte, hätte ich überhaupt keinen Körperkontakt gehabt."* Neben meiner Arbeit als Therapeut habe ich 10 Jahre lang die psychologische Ausbildung von Spezialeinheiten der Polizei NRW geleitet. Dort habe ich umfangreiche Erfahrungen sammeln können im Bereich der Schwerst- und Gewaltkriminalität. Auf der einen Seite sind es Erfahrungen, die ich mit den eingesetzten Spezialeinheiten und den Blaulichtberufen gemacht habe, auf der anderen Seite habe ich sehr viele Erfahrungen mit Gewalt- und Kriminalitätsopfern sammeln dürfen (Traumatherapeut). Für die Sondereinsatzkommandos war ich der *„Psychobummel und Wanderprediger"*, was als großes Lob verstanden werden kann. Von meinem therapeutischen Hintergrund bin ich Kinder- und Jugendlichentherapeut (Verhaltenstherapeut) und Mitglied der Deutschen Gesellschaft für Hypnose und Hypnotherapie. Am liebsten arbeite ich mit Hypnose.

Als Therapeut verspreche ich, meine Patienten gut zu behandeln.

Psychotherapie ist nichts Geheimnisvolles. Sie ist ein Handwerk, wie jedes andere auch. Ich bezeichne meine Arbeit als psychotherapeutische Hebammenkunst: ich fördere nur das zutage, was ein Mensch an Stärken, Potentialen, Talenten und Kräften in sich trägt und mitbringt. Hervorbringen muss er es alleine, ich kann dabei nur Hilfestellungen geben, unterstützen, die eigenen Ressourcen zu nutzen. Viele Menschen vergessen aber im Laufe des Lebens oft, über welche Kräfte und Stärken sie verfügen. Dann gilt es, diese Kraftquellen wieder frei zu schaufeln. Therapie bedeutet, einen Menschen an seine Stärken, an frühere Erfolge zu erinnern und daran, wie er das alles geschafft hat.

Die Hebammenkunst der Psychotherapie:
Ressourcen nutzen und Stärken zutage fördern.

Therapie ist in erster Linie ein zwischenmenschlicher Prozess, bei dem sich der Therapeut zum Resonanzkörper des Patienten macht. Der Therapeut versenkt sich quasi in die Lebenswelt des Patienten, um dort seine Bilder, Kräfte und Stärken zu finden. In der Psychotherapie begegnet man dem Patienten in erster Linie als *„Mit-Mensch"*. Therapeuten machen dabei oft nichts anderes, als wirklich gute Freunde: sie sind anwesend als stabile Persönlichkeiten, die stellvertretend Hoffnung und Zuversicht vermitteln. Sie sind sehr wertschätzend und unterstützend, sie trösten und sie machen vor allem keine Vorwürfe. Therapeuten sind im Grunde genommen nichts anderes als *„bezahlte Freunde"*. Bei der Suche nach einem guten Therapeuten sollte man sich immer auf sein Bauchgefühl verlassen und ein Gefühl der *„inneren Sympathie"* empfinden, und zwar auf beiden Seiten. Ohne gegenseitige innere Sympathie ist keine erfolgreiche Therapie und Heilung möglich.

Das Leben ist da, wo die Menschen sind.

Ob eine Therapie erfolgreich verläuft erkennt man an zwei Dingen:
1. die Symptome verändern sich, treten in den Hintergrund oder verschwinden ganz
2. das subjektive Gefühl: *„Mir geht es wieder besser"*.

Gute Therapeuten machen sich schnell entbehrlich, d.h. je schneller der Therapeut nicht mehr benötigt wird, desto besser der Therapieverlauf. Provokation und Frustration sind dabei zwei wichtige Instrumente, mit denen der Therapeut arbeitet. Bei der Therapie von Kindern besteht eine gute Verhaltenstherapie darin, dass man im besten Fall die Mutter zur Therapeutin des Kindes macht. Es gibt keine schwierigen Kinder. Es gibt oft nur Kinder mit schwierigen Eltern.

Auch ein Affe fällt mal vom Baum

Dieses asiatische Sprichwort bedeutet nichts anderes, als dass es im Hause eines Schusters die schlechtesten Schuhe gibt oder im Hause eines Fischers keinen Fisch gibt, dies heißt so viel wie, dass wir natürlich nicht frei sind auch Fehler zu machen. Jeder, egal wie gut er arbeitet, macht Fehler, egal, wie professionell wir arbeiten, wir unterliegen immer dem Risiko, auch eigene Fehler zu machen und damit aber auch selbst Belastungsreaktionen ausgesetzt zu sein.

Frische Luft schnappen

Bei der Heilung helfen auch Bewegung und Sport, Spiel, Spaß, Humor und Ablästern. Ablästern bedeutet, eine eigene Sprache zu entwickeln; Sprache schafft Distanz und über die Sprache können wir manche Dinge von uns fernhalten und verhindern dadurch, dass sie uns berühren oder dass sie uns unter die Haut gehen und damit krank machen. Ganz wichtig ist es, auf Pausen zu achten, und positiv zu denken.

Ernährungsverhalten

„In der Steinzeit haben wir gegessen, wenn etwas vorbei gekommen ist. Heute essen wir, wenn wir irgendwo vorbeikommen."

Das ist das Problem. Und in der Steinzeit kam das Essen nicht so einfach zu uns. Wir mussten etwas dafür tun, uns zum Beispiel bewegen. Das wäre heute auch nicht schlecht. Aber eigentlich ist es ganz einfach.

3G-Programm

Das 3G-Programm hat sich aus meiner Arbeit mit vielen, zum Teil auch schwer kranken Patienten entwickelt. Es beschreibt drei Gemeinsamkeiten, die für die Erhaltung oder Wiederherstellung der Gesundheit förderlich sein können. Die drei G bedeuten im Einzelnen:

- **Gewicht kontrollieren**: ernähren Sie sich gesund
- **Giftstoffe vermeiden**: entgiften Sie ihren Körper
- **Gewissheit haben**: entwickeln Sie eine innere Überzeugung und Sicherheit, dass alles einen Sinn hat und gut wird.

Unser Körper ist das kleinste kontrollierbare Handlungsfeld eines Menschen. Was heißt das? Wenn ich in meinem Leben nichts mehr kontrollieren kann, ist mein Körper das letzte und einzige, was ich noch kontrollieren kann: wie bewege ich mich, wie ernähre ich mich, wie ruhe ich mich aus, wer darf mich berühren? In unserem Umfeld wollen wir alles kontrollieren, zumindest versuchen wir es und scheitern bei der eigenen Gewichtskontrolle.

Wir wollen etwas ändern, was leicht gehen soll, so quasi nebenher. Das kann und wird nicht gelingen, wenn man sich die Komplexität der Nahrungsverarbeitung bewusst macht.

Das 3G-Programm kann Ihnen als Grundlage für ein gesundes Leben dienen. Im Mittelpunkt des 3G-Programm stehen eine gesunde Ernährung, z.B. in Form einer kohlenhydratarmen Ernährung, das Vermeiden von Giftstoffen in Form von Alkohol, Nikotin, Drogen und weiteren Risikofaktoren sowie die Entwicklung einer inneren Gewissheit, das alles gut wird. Bewegung, Entspannung und positives Denken spielen hierbei eine wichtige Rolle. Übergewicht und Untergewicht sind nicht gut für die Gesundheit. Von daher ist es wichtig, das eigene Wohlfühlgewicht zu kontrollieren. Im Grunde genommen können Sie alles essen, was Ihnen schmeckt. Das Motto sollte dabei allerdings lauten: von allem etwas weniger: weniger Fett und weniger Salz und etwas mehr Bewegung.

Das wäre es schon. Klingt einfach, ist es auch.

Man ist, was man isst!
Und wer Fett isst, ist fett!

Schwer ist es nur am Anfang, sich in seinem Essverhalten zu zügeln und bewusst zu essen, nämlich dann, wenn wir Hunger haben. Essen hat für viele Menschen heute nicht mehr die o.a. Funktion der Nahrungsaufnahme, sondern hat viele andere Funktionen erhalten: wir essen aus Langeweile, wir essen beim Fernsehen, wir essen um zu kommunizieren, z.B. bei Geschäftstreffen, wir essen um uns zu trösten, wir essen als Ersatzbefriedigung, wir essen als Trostpflaster für seelische Probleme. Hier kann sich z.B. eine Reihe von Essstörungen entwickeln.

Ein Kind, das in der Familie auf Dauer Missachtung erlebt, fängt möglicherweise irgendwann an, sich voll zu stopfen und wenn es dann richtig dick ist, muss es wahrgenommen werden und kann nicht mehr übersehen werden. Wir essen heutzutage aus einer Vielzahl von Gründen, haben dabei aber oft den ursprünglichen Grund nicht mehr im Bewusstsein: wir essen, um zu überleben. Und vor der Nahrungsaufnahme kommt die Bewegung. Unsere Vorfahren in der Steinzeit mussten oft viele Kilometer zurückle-gen, nicht selten bis zu 42 Kilometer, bis es ausreichend zu essen gab. Gegessen wurde, wenn etwas vorbei kam.

Essen tröstet!

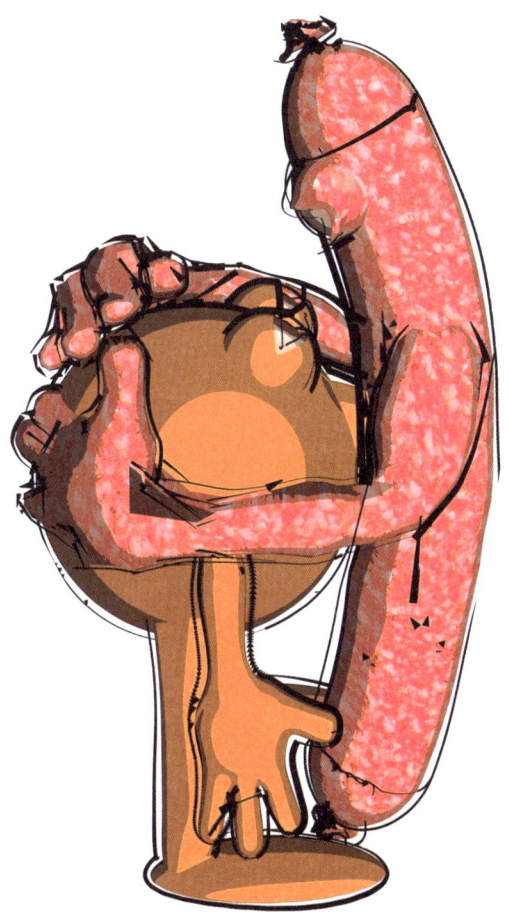

Heute essen wir, wann immer wir irgendwo vorbei kommen. Und das ist auf Dauer nicht gesund. Wer sein Gewicht kontrollieren will, sollte sich bewusst ernähren und auf den eigenen Körper hören. Es geht nicht darum, auf leckere Dinge zu verzichten, sondern nur darum, sich beim Essen zu zügeln. Beachtet man dann weiterhin ein paar Grundlagen der Ernährung, tut man seinem Körper und damit der eigenen Gesundheit etwas sehr Gutes. Die Deutsche Gesellschaft für Ernährung hat auf der Basis aktueller wissenschaftlicher Erkenntnisse Regeln formuliert, die Ihnen helfen können, genuss-voll und gesund zu essen (www.dge.de).

Psychohygiene, Bewegung und Sport

Ausgesprochen wirkungsvoll können Sie Nervenkrisen mit Sport bewältigen, vorausgesetzt, Ihr Gesundheitszustand lässt das zu. Im Zweifel holen Sie sich bitte einen ärztlichen Rat ein. Alle Ausdauersportarten wie Jogging, Walking, Wandern, Tanzen, Schwimmen und Radfahren helfen, dauerhaft Übererregungsphänomene zu lindern. Wichtig ist das Trainingsprinzip *„mäßig, aber regelmäßig"*. Mäßig heißt, Ihr Puls sollte bei der sportlichen Betätigung nicht über 120 Schlägen/Minute liegen. Als praktischer Hinweis gilt: Sie sollten sich während der sportlichen Betätigung noch gut unterhalten können. Geraten Sie so sehr außer Atem, dass Sie nicht mehr gut reden können, liegen Sie über dieser Grenze und sollten das Tempo drosseln. Regelmäßig heißt, als Richtwert gilt mindestens dreimal die Woche für 20 bis 30 Minuten. Letztendlich müssen Sie aber Ihr eigenes Trainingspensum bestimmen. Solange Sie sich beim Sport und nach dem Sport körperlich und psychisch wohl fühlen, liegen Sie richtig. Treten Unwohlgefühle oder sogar Schmerzen auf, sollten Sie dringend erst einen Arzt befragen, bevor Sie mit dem Training fortfahren. Extreme sportliche Betätigung in Bezug auf Tempo, Pensum und Kraftaufwand sollten Sie meiden. Extreme sportliche Aktivität kann die Übererregung steigern. Ausdauersport nach den genannten Prinzipien hat bei gesunder körperlicher Verfassung eine ausgesprochen positive und dauerhafte Wirkung auf das psychische Befinden. Sport ist außerordentlich hilfreich und wertvoll in der Wiederherstellung und der dauerhaften Erhaltung Ihrer Gesundheit.

Die fünf Tibeter sind die Quelle der ewigen Jugend;
sie sind eine Form der dynamischen Meditation.

Gesundheit ist mehr eine Haltung, als ein Zustand. Gesundheit
entspringt aus der Freude am Leben. Der Körper folgt dem Kopf.
Gedanken können als Heilmittel dienen.

Körperliche Bewegung kann zu einer Verbesserung des allgemeinen
Wohlbefindens beitragen. Bewegung und Vorstellungskraft sind
Dünger für das Gehirn. Wenn wir uns bewegen und bewusst atmen,
können wir spüren, dass wir am Leben sind.

Die fünf Tibeter können bei regelmäßiger Anwendung geeignet sein,
die Lebensenergie und Immunabwehr zu stärken und die Kraft der
Gedanken zu nutzen, um persönliche Ziele einfacher zu erreichen.
Wer sich bewusst und gerne bewegt, dabei die Konzentration auf die
Atmung lenkt, wird Dinge nicht einfach mehr für selbstverständlich
nehmen und wird wieder anfangen zu staunen.

Seelische Heilung kann gelingen, wenn Sie sich glücklich denken!
Die fünf Tibeter verbinden Bewegung und Vorstellungsbilder mit
Sinneswahrnehmungen, Bewusstsein und Wirklichkeit und können so
die Selbstheilungskräfte im Körper anregen und Schmerzen lindern.

Die fünf Tibeter

Um das tägliche Wohlbefinden zu erhöhen und die körperliche wie seelische Gesundheit zu verbessern, bieten die „fünf Tibeter" eine hervorragende Voraussetzung. Die nachfolgenden Ausführungen und praktischen Übungen basieren auf Kelder, P.: Die fünf "Tibeter": Das alte Geheimnis aus den Hochtälern des Himalaya lässt Sie Berge versetzen, Scherz Verlag Frankfurt, 1999. Bei den „fünf Tibetern" handelt es sich um eine dynamische Bewegungsmeditation, die die körpereigenen Lebensenergien (endokrine Drüsen) mobilisiert und zu einem Wohl-Sein mit Körper, Seele und Geist verhilft. Wichtige Voraussetzung für den Erfolg der Übung ist es, dass Sie sie regelmäßig, d.h. täglich durchführen. Empfehlenswert ist es, die Übungen am besten morgens zu machen, direkt nach dem Aufstehen. Nehmen Sie sich ein wenig Spielraum und Zeit, dann kommt die Freude der kleinen Schritte in kurzer Zeit. Optimal wird die Durchführung und der Erfolg der Übungen, wenn Sie sie in Verbindung mit Affirmationen und positiven Kognitionen verbinden. Dazu mehr weiter unten. Der Ursprung dieser Übungen geht auf die alten Geheimnisse aus den Hochtälern des Himalaya zurück. Im Geheimwissen der tibetischen Lamas (tibetischer Buddhismus, Dalai Lama) gelten sie als die Quelle der ewigen Jugend. Führen Sie die Übungen regelmäßig durch, werden Sie sehr schnell die wohltuende Wirkung feststellen und einen nachhaltigen Effekt bemerken. Übrigens gibt es nur eine Möglichkeit herauszufinden, ob diese fünf Übungen bei Ihnen wirken: sie ausprobieren!

Um dieses sehr effektive Übungsprogramm mit einer Langzeitwirkung aufzubauen, ist es wichtig, die Übungen zunächst nur dreimal auszuführen, und das möglichst jeden Tag, ein bis zwei Wochen lang. Dabei werden Sie ein völlig neues Körperbewusstsein entwickeln. Sie werden von Tag zu Tag achtsamer mit Ihrem Körper umgehen. Sie werden immer mehr auf die Signale Ihres Körpers hören. Wichtig bei allen Übungen ist das tiefe Atmen und das leichte Üben. Wenn Sie das Gefühl haben, dass Ihnen die Übungen nach etwa zwei Wochen gut und leicht gelingen, fügen Sie einfach nach und nach zwei Wiederholungen hinzu. Die maximale Wiederholungszahl ist mit 21 Wiederholungen erreicht. Sie können die Wirkung der Übung auch vor allem dadurch erhöhen, wenn es Ihnen gelingt, nach und nach die Übungen mit geschlossenen Augen durchzuführen. Atmen Sie tief und gleichmäßig. Stellen Sie sich vor, beim Einatmen ganz viel Energie einzuatmen und diese dann beim Ausatmen im Körper zu verteilen. Sollten Sie in Ihrem Körper eine schmerzhafte Stelle spüren, Unwohlsein oder Druck- und Spannungszustände, stellen Sie sich in Ihrer Fantasie vor, nach dem Einatmen durch diese schmerzhafte Stelle auszuatmen, oder zumindest zu dieser Stelle hinzuatmen. Stellen Sie sich bei allen Übungen schöne Bilder vor, tun Sie für einen Moment lang einfach so, als ob Sie magische Kräfte hätten. Konzentrieren Sie sich auf Ihren Körper. Wenn Sie Gefallen an den Übungen finden und den Erfolg damit spüren, werden die fünf Tibeter vielleicht eines Tages zu einem festen Ritual in ihrem Tagesablauf. Rituale sind nichts anderes, als in Bewegung umgesetzte Fantasien und Vorstellungen von positiven Ereignissen. Geben Sie Ihren schönen Vorstellungen und Bildern eine Stimme und eine Richtung.

Ganz hinten in unserem Hinterkopf läuft oft ein „*Kopf-Kino*" ab, ununterbrochen und immer wieder tauchen nicht zu Ende gedachte Gedanken auf, lenken uns ab und inszenieren oft ein Werbespektakel knapp an der Grenze des inneren Ohres. Was die Gedanken stellvertretend für uns behaupten, ist nicht unbedingt in unserem Interesse. Blöderweise sagen uns diese Gedanken meistens in der Ich-Form, dass es uns schlecht geht, dass wir es nicht schaffen, dass wir blöde, nicht schön, nicht liebenswert, unwürdig, daneben, noch nicht so weit, nicht genug (...) oder krank sind, dass unsere Erfolge Zufall sind und Glück nicht lange hält. Mal Hand aufs Herz: Glauben Sie ganz tief in Ihrem Inneren allen diesen Gedanken in Ihrem Hinterkopf?

Gedanken bestimmen wesentlich die Richtung unseres Lebens. Eine alte Weisheit besagt, dass der Geist die Materie erschafft („*matter follows mind*"). Gedanken sind Energie. Bewusste Gedanken sind gerichtete Energie. Affirmationen oder positive Kognitionen sind bewusste Gedanken, die auf positive, anregende und befreiende Wirkung zielen. Mit Affirmationen lenken Sie freigesetzte Energie. Mit anderen Worten: Sie entlasten Ihren (Hinter)Kopf und bestimmen selbst, wohin die Reise geht.

Beispiele für positive Kognitionen oder Affirmationen (Selbst-Bejahung)

Anerkennung, Bekräftigung, Bestätigung, Billigung, Einverständnis, Einwilligung, Gewährung, Gutheißung, Zustimmung:

- Es ist vorbei
- Ich habe jetzt die Kontrolle
- Ich habe jetzt Wahlmöglichkeiten
- Ich kann damit umgehen
- Ich kann mich schützen
- Ich habe getan, was ich konnte, ich habe daraus gelernt
- Ich verdiene zu leben
- Ich bin liebenswert
- Ich bin vertrauenswürdig
- Ich kann meinen Gefühlen trauen
- Ich kann meinem Urteil trauen
- Ich habe mich richtig entschieden
- Ich bin stark
- Ich bin schön
- Ich bin wichtig

- Ich verdiene Liebe
- Ich bin ein guter Mensch
- Ich bin in Ordnung so wie ich bin
- Ich bin wertvoll
- Ich bin wunderbar
- Ich bin ehrenwert
- Ich kann mir selbst vertrauen
- Ich bin gut genug
- Ich kann erfolgreich sein
- Ich darf Fehler machen
- Ich verdiene, dass es mir gut geht
- Ich kann erreichen, was ich will
- Ich habe eine Chance
- Ich schaffe das

Der Erfolg der Affirmationen und positiven Kognitionen hängt im Wesentlichen von drei Faktoren ab:

1. **der Wunsch.** Wünschen Sie sich möglichst genau, was Sie bekommen oder erreichen möchten, wie Sie sein oder was Sie schaffen wollen.

2. **das Vertrauen.** Je mehr und fester Sie an das gesetzte Ziel glauben und an die Möglichkeit, es zu erreichen, um so eher werden Sie Erfolg haben.

3. **das Annehmen.** Sie müssen bereit sein, das Gesuchte anzunehmen und zu behalten, wenn es eingetreten ist oder Sie es erreicht haben.

Kinder kennen noch die Macht des Wünschens

Bei der Formulierung von Affirmationen und positiven Kognitionen sollten Sie folgendes beachten:

- formulieren Sie Affirmationen und positive Kognitionen nicht in der Zukunfts-, sondern immer in der Gegenwartsform. Gehen Sie in Ihrer Fantasie bereits jetzt davon aus, dass etwas bereits jetzt schon so ist, wie Sie es sich wünschen

- formulieren Sie Affirmationen und positive Kognitionen immer so positiv wie nur möglich. Bekräftigen Sie das, was Sie möchten, nicht das, was Sie nicht möchten

- tun Sie bei der Formulierung der Affirmationen und positiven Kognitionen so, als hätten Sie magische Kräfte, alles geschieht so, wie Sie es sich wünschen

- je kürzer und einfacher die Affirmationen und positiven Kognitionen sind, desto wirkungsvoller sind sie

- Affirmationen und positive Kognitionen sollten ein intensives Gefühl zum Ausdruck bringen; je stärker das Gefühl ist, desto stärker prägt es das Denken

- Achten Sie bitte darauf, dass die Affirmationen und positiven Kognitionen immer für Sie stimmig sind, Sie sollten genau richtig für Sie sein

- Affirmationen und positive Kognitionen sollten positiv, anregend, befreiend und unterstützend sein

- Denken Sie daran, dass Sie durch Affirmationen und positive Kognitionen etwas Neues und bisher Unbekanntes entstehen lassen. Versuchen Sie nicht, Altes zu wiederholen, oder zu verändern, was schon ist; das würde bedeuten, sich dem zu widersetzen, was schon ist und das würde wiederum Konflikte verursachen

- Affirmationen und positive Kognitionen bieten jeden Tag und jeden Augenblick neue Entwicklungschancen

- Affirmationen und positive Kognitionen nehmen Gefühle so an, wie sie sind. Gefühle sind immer richtig

- zweifeln Sie nicht an Ihren Affirmationen und positiven Kognitionen

- stellen Sie sich vor, auch wenn es nur für ein paar Minuten oder wenige Sekunden ist, dass Ihre Affirmationen und positiven Kognitionen wahr sind

- Affirmationen und positive Kognitionen helfen, das Leben mit neuen Augen zu sehen.

carpe diem
genieße den Tag

Formulieren Sie eigene Affirmationen und positive Kognitionen:
- ich bin …
- ich werde …
- ich habe …
- ich mag …
- es ist …
- ich kann …
- ich will …
- das Leben ist …

Wie und warum funktionieren die fünf Tibeter? Symptome entstehen nicht durch den emotionalen Stress, sondern durch erstarrte Energie, die nach dem Abklingen der akuten Nervenkrise nicht aufgelöst worden ist. Solche Energierückstände bleiben im Nervensystem gebunden und können verheerend auf Körper und Geist wirken. Die belastenden Symptome von emotionalen Stressreaktionen entwickeln sich als Folge einer Unterbrechung unseres natürlichen Kampf-Flucht-Verhaltens, nämlich dann, wenn wir erstarren und in den Zustand der Unbeweglichkeit eintreten. Das Verweilen darin und das spätere Wiederaustreten können nicht zu einem natürlichen Abschluss gebracht werden. Wir können das „Auftauen" unterstützen, indem wir unser angeborenes Bestreben, zu einem Zustand dynamischen Gleichgewichts zurückzukehren, durch bewusste Aktivität fördern. Hierbei hilft z.B. die dynamische Bewegungsmeditation der fünf Tibeter. Der menschliche Körper hat sieben Energiezentren, so genannte endokrine Drüsen (im Gegensatz zu exokrinen Drüsen, wie Schweißdrüse oder Speicheldrüse); diese sind mit einer inneren (endokriner) Produktion und Freigabe von Drüsenstoffen (Sekretion) verbunden. Endokrine Drüsen sind Körperdrüsen, die ihre Sekrete oder Hormone direkt in das Blut oder die Lymphbahnen des Körpers abgeben. Zu den endokrinen Drüsen zählen zum Beispiel die Schilddrüse, die Nebenschilddrüse und die Bauchspeicheldrüse, aber auch die Eierstöcke und die Hoden. Von diesen Drüsen werden die Hormone produziert, die für die Entstehung der männlichen und weiblichen Geschlechtsmerkmale sorgen. Sie beeinflussen auch die Steuerung des Geschlechtstriebs. Die Geschlechtsdrüsen in den Eierstöcken erzeugen die weiblichen Geschlechtshormone Östrogen und Progesteron. Die männlichen Hoden bilden Androgene, die das

Geschlechtshormon Testosteron enthalten. Die wichtigste endokrine Drüse ist aber die Hirnanhang-Drüse (Hypophyse), die durch Absonderung von chemischen Substanzen und Hormonen die meisten anderen Körperdrüsen steuert. Wichtige Hormone, die in der Hirnanhang-Drüse produziert werden, sind Wachstumshormone und Prolaktin. Auch das Hormon Oxytozin entsteht hier – das Hormon, das bei einer Geburt das Zusammenziehen der Gebärmutter auslöst. Der Aufbau und die Funktionen der Hirnanhang-Drüse sind äußerst komplex und kaum erklärbar. Sicher ist, dass fast alle Substanzen, die sie abgibt, zur Anregung der Hormon-Produktion in der Schilddrüse, den Nebennieren und den Geschlechtsdrüsen dienen. Der Flüssigkeitsverlust des Körpers wird ebenfalls durch Hormone der Hirnanhang-Drüse kontrolliert. Einfach ausgedrückt kann man sich die endokrinen Drüsen als wirbelnde Kraftfelder vorstellen. Hindus nennen diese endokrinen Drüsen Chakras. Die endokrinen Drüsen regeln alle Funktionen im menschlichen Körper, einschließlich des Alterungsprozesses! Jede dieser endokrinen Drüsen ist eingebettet in ein kraftvolles elektrisches Feld, unsichtbar für das Auge, aber nichtsdestoweniger sehr real. Diese Energiezentren regen den Hormonausstoß der jeweiligen Drüse an. Der unterste, erste Wirbel ist mit den Nebennieren verbunden, der zweite mit den Geschlechts- oder Keimdrüsen, der dritte (am Solarplexus) mit der Bauchspeicheldrüse, der vierte Wirbel hat eine Beziehung zu der Thymusdrüse in der Herzregion, der fünfte sitzt an der Schilddrüse im Hals, der sechste (das „Dritte Auge") steht in Beziehung zur Hypophyse oder Hirnanhangdrüse an der vorderen Gehirnbasis, und der siebte, höchste Wirbel (das Scheitel-Chakra) ist mit der Epiphyse oder Zirbeldrüse an der rückwärtigen Gehirnbasis verbunden.

Die Energiewirbel drehen sich mit hoher Geschwindigkeit. Wenn sich alle mit hoher Geschwindigkeit drehen, und zwar gleich schnell, ist der Körper bei bester Gesundheit. Wenn einer oder mehrere von ihnen langsamer werden, setzen der Alterungsprozess und der körperliche Verfall ein. Die Abbildung zeigt annähernd die Lage der endokrinen Drüsen, denen die sieben Energiezentren zugeordnet sind. Die Energiezentren selbst sind in der Umgebung der endokrinen Drüsen feststellbar – mit teilweise „vertauschten" Positionen. So ist das mit der Zirbeldrüse verbundene Scheitel-Energiezentrum, wie der Name nahe legt, oben am Kopf wirksam – als energetische Verbindung zum Kosmos.

In einem gesunden Körper dreht sich jeder dieser „Wirbel" mit hoher Geschwindigkeit und ermöglicht es dadurch der vitalen Lebensenergie durch das endokrine System aufwärts zu fließen. Wenn aber einer oder mehrere dieser Wirbel anfangen, sich langsamer zu drehen, dann ist der Fluss der vitalen Lebensenergie behindert oder blockiert. Die Gesundheit gerät aus dem Gleichgewicht und Alterungsprozesse schreiten schneller voran. Diese sich drehenden „Wirbel" dehnen sich bei einem gesunden Menschen so weit aus, dass sie aus dem Körper herausragen, bei einem alten, schwachen und kränklichen dagegen erreichen sie kaum die Körperoberfläche. Die schnellste Art, Gesundheit und Vitalität wiederzugewinnen ist, diese Energiezentren dazu zu bringen, sich wieder normal zu drehen. Es gibt fünf einfache Übungen (Energie-Riten), die das zustande bringen. Jede einzelne davon ist hilfreich, doch um die besten Ergebnisse zu erzielen, bedarf es aller fünf. Diese fünf Tibeter sind Energie-Übungen. Zum Glück lassen sich die ungeheuren Energien, durch welche die Traumasymptome entstehen, zur Umwandlung des Traumas nutzen und können darüber hinaus zur Heilung und persönlichen Reifung führen.

Die 7 Energiewirbel des Körpers sind ausgerichtet auf die 7 endokrinen Drüsen:

(1) die Keimdrüsen,
(2) die Nebennieren,
(3) die Bauchspeicheldrüse,
(4) die Thymusdrüse,
(5) die Schilddrüse,
(6) die Zirbeldrüse und
(7) die Hypophyse.

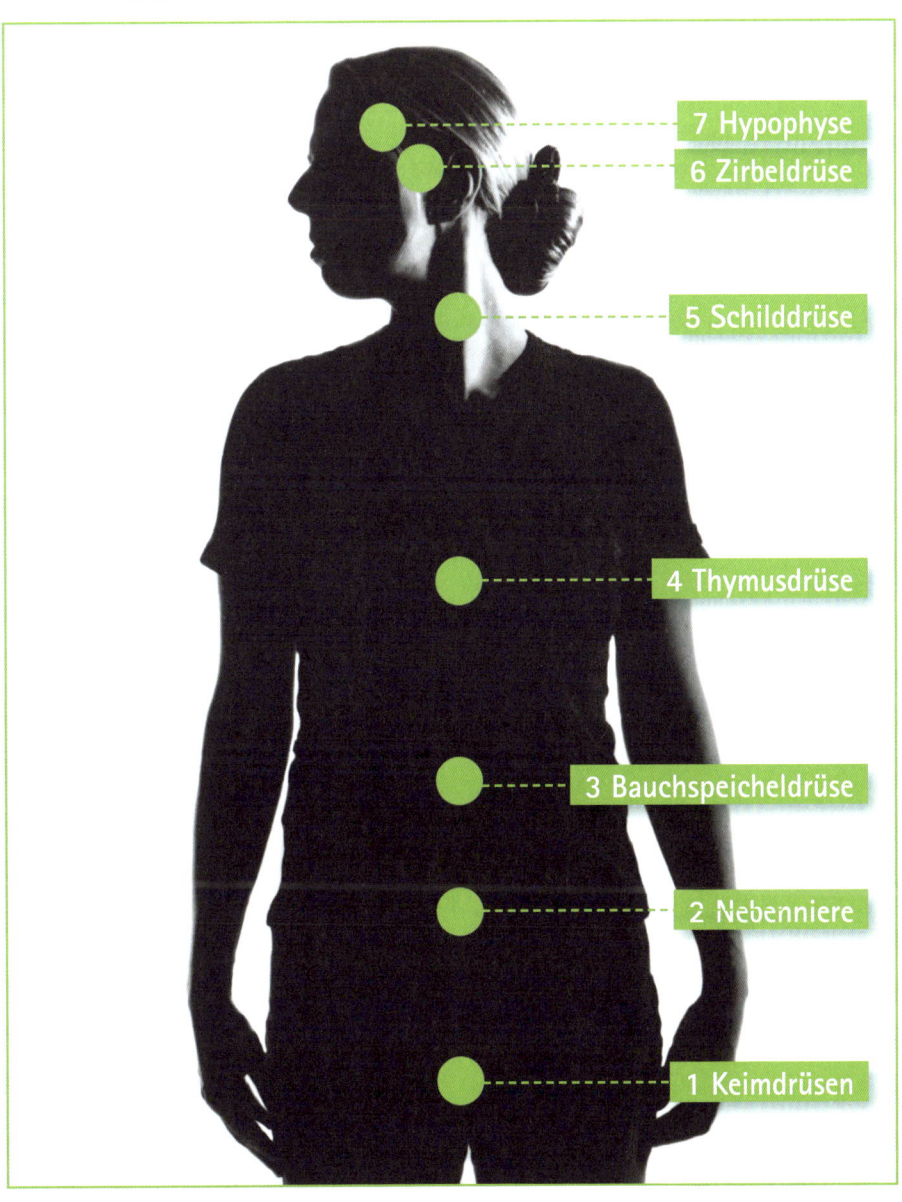

Wenn sich nichts ändert, ändert sich nichts

Die fünf „Tibeter" sind einfache Übungen, die von den Lamas als „Riten" bezeichnet werden. Diese werden im Folgenden genau erklärt. Damit Sie beste Ergebnisse
erreichen, ist es wichtig, alle fünf Übungen nacheinander zu machen (vgl. Kelder , P.:
Die fünf "Tibeter", S. 30 ff).

Achte auf deine Gedanken. Sie sind der Anfang deiner Taten!

japanisches Sprichwort

Erste Übung:

Bei der ersten Übung wird die Drehgeschwindigkeit der Wirbel beschleunigt. Kinder tun dies bei ihren Spielen andauernd. Stellen Sie sich aufrecht hin und breiten Sie Ihre Arme parallel zum Boden aus. Die linke Handfläche zeigt nach unten, die rechte nach oben. Jetzt drehen Sie sich um sich selbst, bis Ihnen leicht schwindelig wird. Etwas ist wichtig: Sie müssen sich im Uhrzeigersinn drehen, d.h. also von links nach rechts. Fangen Sie auch hier erst mit drei Drehungen an und steigern dann später. Wenn Ihnen danach ist, sich hinzusetzen oder hinzulegen, um sich von dem Schwindelgefühl zu erholen, dann sollten Sie auf jeden Fall genau das tun. Mit der Zeit, wenn Sie alle fünf Riten üben, werden Sie sich immer öfter drehen können, und das Schwindelgefühl lässt immer mehr nach. Auch wenn Sie weiter fortgeschritten sind, drehen Sie sich bitte nicht öfter als einundzwanzigmal. Atmen Sie bei den Drehungen ruhig, tief und gleichmäßig.

120

121

Zweite Übung:

Die zweite Übung stimuliert die Wirbel noch weiter. Diese Übung ist sogar noch einfacher als die erste. Beim zweiten Ritus liegt man flach auf dem Boden, mit dem Gesicht nach oben. Am besten legen Sie sich auf einen dicken Teppich oder eine gepolsterte Unterlage. Strecken Sie die Arme an Ihren Körperseiten entlang aus und legen die Handflächen auf den Boden, wobei Sie die Finger eng zusammenhalten. Dann heben Sie Ihren Kopf vom Boden und ziehen das Kinn an die Brust. Zugleich heben Sie Ihre Beine in eine senkrechte Stellung. Der Rücken bleibt vollständig am Boden. Wenn möglich, nehmen Sie die Beine weiter über den Körper in Richtung des Kopfes. Die Knie sollten dabei gestreckt sein. Senken Sie dann sowohl den Kopf als auch die Beine langsam wieder zum Boden. Lassen Sie alle Muskeln sich langsam entspannen, und wiederholen Sie die Übung, ohne sich zu überfordern. Halten Sie sich bei jeder Wiederholung an einen Atemrhythmus: atmen Sie tief ein, wenn Sie Kopf und Beine heben; atmen Sie vollständig aus, wenn Sie sie senken. Zwischen den Wiederholungen, während Sie Ihre Muskeln sich entspannen lassen, atmen Sie im gleichen Rhythmus weiter. Je tiefer Sie atmen, desto besser. Wenn Sie eine gut trainierte Bauch- und Rückenmuskulatur besitzen, können Sie diese Übung mit durchgedrückten Knien üben. Für die meisten ist es jedoch ratsam, die Knie beim Heben und Absenken der Beine angewinkelt zu lassen.

Dritte Übung:

Die dritte Übung sollte unmittelbar nach der zweiten geübt werden. Sie ist ebenfalls einfach. Sie müssen nur mit aufrechtem Körper auf dem Boden knien, wobei die Zehen aufgestellt oder auch lang gelassen werden können. Die Hände sollten dabei seitlich, etwas von hinten, an die Oberschenkelmuskulatur gelegt werden. Neigen Sie jetzt Kopf und Nacken nach vorn und ziehen Sie das Kinn an die Brust. Legen Sie dann Kopf und Nacken behutsam nach hinten – nur so weit wie es sich gut anfühlt – und lehnen Sie sich gleichzeitig zurück, indem Sie die Wirbelsäule leicht nach hinten beugen. Während Sie sich zurückbeugen, stützen Sie sich mit Ihren Armen und Händen an den Oberschenkeln oder am Becken ab. Danach kehren Sie in die Ausgangsposition zurück und beginnen die Übung neu. Wie beim zweiten Ritus sollten Sie auch hierbei einem Atemrhythmus folgen. Atmen Sie tief ein, wenn Sie sich nach hinten beugen. Atmen Sie aus, wenn Sie in die aufrechte Stellung zurückkehren. Tiefes Atmen ist äußerst hilfreich; füllen Sie deshalb Ihre Lungen, so gut wie Sie nur eben können.

Vierte Übung:

Die vierte Übung erscheint am Anfang schwieriger als die anderen. Aber nach etwa einer Woche werden Sie sie so einfach üben wie alle anderen. Setzen Sie sich zuerst in den Langsitz auf den Boden; die Beine sind gerade nach vorne ausgestreckt, die Füße ungefähr 30 cm auseinander. Halten Sie Ihren Körper aufrecht und legen Sie Ihre Handflächen neben Ihrem Gesäß auf den Boden. Ziehen Sie dann Ihr Kinn nach vorne gegen die Brust. Jetzt lassen Sie Ihren Kopf nach hinten sinken. Heben Sie gleichzeitig Ihren Körper, so dass sich die Knie beugen, während die Arme gestreckt bleiben. Der Rumpf wird mit den Oberschenkeln eine gerade Linie bilden, parallel zum Boden. Sowohl Arme wie Unterschenkel zeigen senkrecht zum Boden. Spannen Sie dann – ohne den Atmen anzuhalten – für einen Augenblick alle Muskeln Ihres Körpers an. Und schließlich, wenn Sie in die ursprüngliche Stellung zurückkehren, entspannen Sie Ihre Muskeln und ruhen sich aus, bevor Sie den Vorgang wiederholen. Auch bei dieser Übung ist der Atemrhythmus wieder wichtig. Atmen Sie tief ein, wenn Sie Ihren Körper anheben. Sie brauchen den Atem nicht anzuhalten, während Sie die Muskeln anspannen. Atmen Sie vollständig aus, wenn Sie wieder zum Sitzen kommen und im gleichen Rhythmus weiter, wenn Sie sich (was für viele hilfreich ist) zwischen den Wiederholungen ausruhen.

Fünfte Übung:

Wenn Sie die fünfte Übung ausführen, sind Sie mit dem Gesicht zum Boden gewandt. Sie sind auf die Hände gestützt, mit den Handflächen auf dem Boden, und den Zehen in aufgebogener Stellung. Während dieser Übung sollten die Hände und Füße jeweils etwa 60 cm voneinander entfernt sein und Arme und Beine sollten gestreckt gehalten werden. Beginnen Sie mit den Armen senkrecht zum Boden und der Wirbelsäule durchgebogen, so dass der Körper nach unten durchhängt. Neigen Sie jetzt den Kopf so weit wie möglich zurück. Dann biegen Sie den Körper an den Hüften ab und heben ihn an, so dass er ein umgedrehtes „V" bildet. Gleichzeitig bringen Sie das Kinn nach vorn und ziehen es an die Brust. Das ist schon alles. Kehren Sie in die Ausgangsposition zurück und fangen Sie erneut an. Wenn Sie nach einer Woche in diesem Ritus geübt sind, lassen Sie Ihren Körper aus der angehobenen Stellung mit Leichtigkeit heruntersinken bis zu einem Punkt, wo er beinahe, aber nicht ganz, den Boden berührt. Folgen Sie dem gleichen tiefen Atemrhythmus wie bei den vorherigen Übungen. Atmen Sie tief ein, wenn Sie den Körper anheben. Atmen Sie tief aus, wenn Sie ihn senken.

124
125

Abschluss:

Im Anschluss an die letzte Übung nehmen Sie bitte eine für Sie angenehme Sitzhaltung ein, in der Sie einige Augenblicke verweilen können, um Ihre Selbsterdung zu spüren, sich auf sich selbst zu besinnen und in Ihrer Fantasie die Affirmationen und positiven Kognitionen für den bevorstehenden Tag entstehen zu lassen.

Zum Beispiel:

- ich atme tief, ruhig und entspannt

- ich habe jede Menge Zeit für die wichtigen Dinge im Leben

- mein Mut und meine Ausdauer wachsen von Tag zu Tag

- ich vertraue mir und fühle mich sicher

- ich bin kraftvoll und lebendig

- ich bin gesund

- ich wünsche mir alles Gute

Überlegen Sie, worauf Sie sich an dem bevorstehenden Tag freuen können, welche Ziele Sie anstreben, welche Wünsche Sie haben. Atmen Sie tief und gleichmäßig und spüren Sie die Lebensenergie in Ihrem Körper.

In der Sportmedizin werden die Fünf Tibeter als isometrische (die gleiche Längenausdehnung beibehaltende) Übungen bezeichnet, um steife Muskeln und Gelenke zu strecken und die Muskelspannung zu verbessern. Der Hauptzweck und -gewinn dieser Übungen liegt jedoch darin, dass sie die Geschwindigkeit der sich drehenden Energiewirbel normalisieren.

Für den Anfang ist es ausreichend, in der ersten Woche jede Übung dreimal am Tag zu üben. Steigern Sie dann in jeder folgenden Woche um zweimal, bis Sie für jede Übung bei täglich 21 Mal angelangt sind. Mit anderen Worten, in der zweiten Woche üben Sie jeden Ritus fünfmal, in der dritten Woche sieben Mal, in der vierten Woche neunmal täglich und so weiter. Nach zehn Wochen werden Sie bei der vollen Zahl von 21 Mal pro Tag angekommen sein. Die Übungen können entweder am Morgen oder Abend ausgeführt werden, je nachdem was besser passt. Bedenken Sie jedoch, dass die Übungen eine stimulierende Wirkung haben. Von daher empfehlen wir, wenn möglich, die Übungen morgens zu machen, um dann auch mehr Energie für den Tag zu haben. Nehmen Sie sich Zeit und Geduld um die Übungen durchzuführen. Lassen Sie sich nicht entmutigen, wenn nicht jede Übung sofort klappt. Üben Sie weiter und der Erfolg ist Ihnen sicher. Die fünf Übungen müssen jeden Tag geübt werden, damit Sie einen wirklichen Nutzen daraus ziehen können. Maximal einen Tag in der Woche dürfen Sie auslassen, aber keinesfalls mehr. Wenn Sie bei der maximalen Wiederholungszahl von 21 angelangt sind, dauert es etwa nur 15 bis 20 Minuten, um alle fünf zu machen. Diese Übungen dienen einzig und allein dem einen Zweck, Ihnen Ihre Gesundheit wieder zurückzugeben und zu erhalten. Ihre Fantasie und Motivation sind dabei von entscheidender Bedeutung.

Haben Sie Geduld mit sich.
Man kann einen Fluss nicht anschieben.
Er fließt von ganz alleine. Heilung dauert.
Vertrauen Sie auf Ihre innere Kraft.

Eine wichtige Rolle in der Überwindung von belastenden Ereignissen spielt auch Humor und das „Ablästern". Es ist wie ein seelischer Kurzurlaub. Das Lachen hat seine Gründe, so der Witzforscher Eike Christian Hirsch. Das Lachen ist ein Verhalten, das allen Menschen auf der Erde mitgegeben ist; es ist uns Menschen angeboren als ein Signal der Freude und der guten Absichten. Lachen ist auch dazu da, den Erfolg nach einer überstandenen Krise zu feiern. Im Lachen kann man sich ausschütten, Dinge die manchmal festgesessen haben, werden mit dem Ausatmen weggesprudelt. Haben Sie also bitte kein schlechtes Gewissen, wenn Sie trotz Krisen oder nach Krisen und belastenden Ereignissen auch mal wieder von Herzen lachen. Lachen heilt! Auch Spielen, Spaß und Freude können bei der Bewältigung von Krisen hilfreich sein, weil sie das Motivationszentrum im Gehirn anregen und so seelische Schmerzen lindern können. Auch Musik und Singen können das Motivationszentrum positiv beeinflussen, egal ob Sie unter der Dusche oder laut im Auto singen, es kann hilfreich sein.

Pausen und positives Denken

Je größer die Anstrengung, desto länger sollten die Pausen sein, um sich zu erholen. Pausen sind in vielen Bereichen mindestens genauso wichtig wie die Zeiten der Aktivität und der Anstrengung. Im Sport baut der Körper nach Belastung in den Trainingspausen die Muskeln auf, füllt die Ausdauerspeicher auf, in der Musik spielen Pausen eine fundamentale Bedeutung für den Rhythmus und die Harmonie. Machen Sie regelmäßig Pausen und denken Sie positiv. Unser Gehirn kann nicht unterscheiden, ob wir etwas tun oder es nur denken. Also stellen Sie sich vor, wie es ist, wenn es Ihnen richtig gut geht und wie es ist, wenn Sie gesund und kräftig sind und sich die Dinge so entwickeln, wie Sie es sich vorstellen.

Hypnose ist ein Entspannungsverfahren, bei dem man sich
konzentriert und in Bildern denkt; es ist ein Heilverfahren.
Selbsthypnose ist eine wirksame Möglichkeit, eigene innere
Kräfte zu nutzen um gesund zu werden und das Immunsystem zu stärken.

Lesen und lesen lassen: Lesen Sie die Geschichte selbst oder
lassen Sie sie sich von einer vertrauten Person vorlesen.
Wirkt dann besser!

Selbsthypnose macht das Leben leichter. Hypnose ist wie
U-Bahn-Fahren: wenn sich an der Oberfläche der gesamte
Verkehr staut, bewegt man sich unten ohne unnötige Auf-
enthalte zügig vorwärts und kommt schnell und entspannt
ans Ziel.

Die Übungen zur Ressourcenstärkung können Ihnen helfen,
Ihre Kräfte und Stärken besser zu erkennen und für die
Krisenbewältigung zu nutzen.

Selbsthypnose und Ressourcenstärkung

Vive la trance!

Keine Angst! Weder Sie noch ein anderer Mensch wird Sie durch Hypnose in einen grünen Frosch verwandeln. Auch werden Sie nicht zu einem willenlosen Wesen. Das sind Vorurteile gegenüber Hypnose, die sich durch die im Fernsehen gezeigten Showhypnosen im Bewusstsein vieler Menschen verankert haben. Jedoch hat das nicht im Geringsten etwas mit Hypnose zu tun! Was ist Hypnose und Hypnotherapie? (vgl. Deutsche Gesellschaft für Hypnose und Hypnotherapie e.V. www.hypnose-dgh.de) Mittels Hypnose wird ein veränderter Bewusstseinszustand (die sog. hypnotische Trance) erzielt, der von z. T. tiefgreifenden physiologischen und psychischen Veränderungen begleitet ist. Das therapeutische Potenzial dieses Zustandes wird u. a. durch die Möglichkeit verdeutlicht, akute Schmerzen zu unterbinden. Hypnotherapie ist eine wirksame Therapieform, die sich bei der Behandlung verschiedenster Störungsbilder von Ängsten bis zu Allergien, Raucherentwöhnung und Flugangst, bewährt hat, was durch zahlreiche wissenschaftliche Untersuchungen bestätigt wird (vgl. Bongartz, W.: Die Effektivität der Hypnose. Eine meta-analytische Studie, Psychotherapeut, Springer, Volume 56/2011). Seit 2006 ist Hypnotherapie in Deutschland offiziell als eine wissenschaftlich fundierte psychotherapeutische Methode anerkannt. Die moderne Hypnotherapie gilt als ein ressourcenorientiertes psychotherapeutisches Verfahren. Dabei wird das im Patienten vorhandene Reservoir an positiven Erfahrungsmöglichkeiten, latenten Bewältigungsstrategien und eigenen Stärken mit hypnotischen Techniken aktiviert und zur Bewältigung körperlicher/psychischer Probleme genutzt. Die therapeutische Nutzung positiver Lebenserfahrungen des Patienten wird auch mit Bezug auf den bekannten amerikanischen Hypnotherapeuten Milton Erickson als *„Utilisation (Nutzung) von Ressourcen"* bezeichnet. Hypnose kann eigenständig oder in Kombination mit anderen Verfahren (wie Verhaltenstherapie oder tiefenpsychologischen Verfahren) eingesetzt werden. Auch eine Selbsthypnose ist möglich (www.denk-dich-gesund.de). Hypnose ist ein Entspannungsverfahren, das sehr viel damit zu tun hat, sich zu konzentrieren und in Bildern zu denken. Dabei wird die Aufmerksamkeit „nach innen" gelenkt, um innere Bilder zu entwickeln (vgl. Walter Bongartz, Hypnotherapie, Hogrefe, Göttingen 2000).

Die hypnotische Tiefenentspannung bewirkt eine positive Stimulierung des Immunsystems. Die körperlichen Abwehrkräfte können sich aufbauen und stabilisieren. Werden in der Hypnose innere Bilder entwickelt, entfalten sich die Selbstheilungspotenziale, die Linderung und idealerweise die Auflösung der Symptomatik (vgl. Agnes Kaiser Rekkas, Die Fee, das Tier und der Freund, Carl-Auer-Systeme, Heidelberg 2001). Selbsthypnose ermöglicht Ruhe, Schutz, Wachstum und Körper-Seele-Heilung im Stillen. Automatisch und ganz sanft werden dabei die Ich-Stärkung und damit das Allgemeinbefinden verbessert.

Selbsthypnose (vgl. Hans-Christian Kossak, Hypnose, Beltz Verlag Weinheim 2004), wurde wohl erstmals von Schamanen angewandt, die sich mittels bestimmter Praktiken selbst in Trance versetzten. Kinder sind übrigens oft in der Lage, sich selbst zu hypnotisieren, ohne es zu merken. Sie verschmelzen dann völlig mit dem was sie tun. Kinder nennen Selbsthypnose oft auch Langweilen, Dösen, Tagträumereien und Fantasiespiel u.a. Der Vorteil der Selbsthypnose besteht darin, dass Sie es überall und jederzeit durchführen können. Selbsthypnose dient der Selbstkontrolle und der Selbstheilung.

Übung zur Selbsthypnose: Ort der Gesundheit

Mit der folgenden Anleitung können Sie Ihre eigenen Kräfte und Ressourcen aktivieren (Quelle: Deutsche Gesellschaft für Hypnose und Hypnotherapie e.V. www.hypnose-dgh.de). Wenn Sie die Selbsthypnose üben, nehmen Sie sich Zeit und ein wenig Ruhe und setzen oder legen Sie sich bequem hin, schließen Sie Ihre Augen und konzentrieren Sie sich zunehmend auf Ihre Atmung, auf Ihren Körper. Wenn Ihre Augen geschlossen sind kann es sein, dass Sie zunächst Geräusche im Raum oder Geräusche von draußen deutlicher wahrnehmen. Alle diese Geräusche werden aber nach und nach immer uninteressanter werden und nach und nach in den Hintergrund treten. Vielleicht stellen Sie sich die Geräusche vor wie ein Radio, das im Hintergrund spielt, aber auf das Sie sich nicht konzentrieren müssen. Das Radio ist wie ein Geräuschteppich, über den Sie gehen dürfen. Alle Geräusche die Sie zwischendurch wahrnehmen, werden Ihnen helfen, noch mehr zu sich zu kommen und noch mehr zur Ruhe zu kommen und zu entspannen.

Jetzt ist die Zeit gekommen, in der Sie sich erlauben dürfen, zu entspannen. Bitte halten Sie Ihre Arme angewinkelt in Vorhalte (Osterhäschenausgangsstellung) und spüren Sie, welcher Arm der leichtere und welcher der schwere ist. Durch genaues Wahrnehmen erfahren Sie, dass das, was zunächst gleich erscheint, sich doch unterscheidet. Genaues Hinspüren zeigt Ihnen deutlich den leichten Arm und lässt den schweren Arm noch schwerer werden, als läge darin eine schwere Kugel oder ein Stein, während der leichte Arm im Vergleich dazu immer leichter wird, so als würde er von einem Ballon schwebend getragen oder wie eine Feder vom Wind in die Höhe gehoben; Sie können deutlich den Unterschied spüren. Der leichte Arm wird noch leichter, während der andere Arm schwerer und schwerer wird und allmählich nach und nach, weiter und weiter nach unten sinkt. Der schwere Arm sinkt langsam nach unten, bis er ganz aufliegt. Und nun darf auch der leichte Arm allmählich nach unten sinken, bis er aufliegt. Beide Arme können sich nun unterschiedlich anfühlen und doch gemeinsam, mehr und mehr an einer beginnenden Entspannung teilhaben. Die Entspannung wird tiefer und tiefer, weil der Unterschied so deutlich wird, zwischen dem leichten und dem schweren Arm.

Je leichter Sie sich fühlen, umso stärker wird Ihre Motivation, sich selbst zu kontrollieren und stärker und gesünder zu werden. Es entsteht viel Raum in Ihrem Brustkorb, in Ihnen selber. Ist es nicht wohltuend, dass Sie sich den Raum in Ihnen selbst schaffen können? Viele Menschen erinnern sich gern an etwas Schönes, wenn sie sich entspannen und der Raum in ihnen immer größer und weiter wird. Das Spüren von Entspannung kann bedeuten, sich zu erlauben noch mehr abzuschalten und den Raum noch größer werden zu lassen. Dabei kann es sein, dass ein Teil von Ihnen noch verschiedenen Gedanken nachhängt. Es kann sein, dass Gedanken kommen von heute, oder Gedanken von gestern oder sogar Gedanken von morgen, während ein anderer Teil Ihres Körpers beginnt, sich mehr und mehr zu entspannen. Begrüßen Sie Ihre Gedanken, heißen Sie sie willkommen und dann lassen Sie die Gedanken weiterziehen, so, wie die Wolken am Horizont weiter ziehen. Gedanken kommen und Gedanken gehen. Sie erlauben sich dabei mehr und mehr zur Ruhe zu kommen und zu entspannen.

Wenn Sie wollen, dürfen dann nach und nach immer mehr Teile Ihres Körpers entspannen. Beobachten Sie, wo Sie in Ihrem Körper die beginnende Entspannung spüren können. Je größer der Raum in Ihnen wird, desto mehr Platz haben Sie, um Ihre Aufmerksamkeit jetzt noch tiefer in den Körper hineinzulenken, denn irgendwo in Ihrem Körper gibt es einen Teil Ihres Körpers, der vielleicht trotz aller Krankheiten, die Sie durchgemacht haben, trotz aller Schwierigkeiten, die Sie erlebt haben, immer gesund war und immer gesund ist. Es ist ein Teil Ihres Körpers. Vielleicht sind es Ihre Augen, oder auch nicht, vielleicht sind es Ihre Haare, oder auch nicht. Vielleicht sind es Ihre Knochen, vielleicht Ihr Herz?! Es ist ein Teil Ihres Körpers. Nehmen Sie sich die Zeit, dass Sie die Form dieses Teil in Ihrem Körper spüren können, spüren Sie seine Größe und die Gesundheit und Vitalität, die sich in diesem Teil Ihres Körpers befinden.

Wenn Sie sich auf diesen Teil in Ihrem Körper konzentrieren, der immer gesund war und immer gesund ist, können Sie vielleicht auch eine Farbe wahrnehmen? Ist es eine helle Farbe oder eine dunkle? Ist es ein kräftiger Farbton oder ein schwacher? Ist es eine warme Farbe oder eine kühle? Vielleicht können Sie einen Klang wahrnehmen, wenn Sie sich auf den Teil Ihres Körpers konzentrieren, der immer gesund war und immer gesund ist. Ist es laut? Oder leise? Ist es ein rhythmisches Geräusch oder schwebend? Hoch oder tief? Und dann stellen Sie sich bitte vor wie es ist, wenn sich das Gefühl von Gesundheit, die Farbe von Gesundheit, der Klang von Gesundheit und Vitalität und alle Empfindungen von Gesundheit und Vitalität beginnen, sich über diesen Teil Ihres Körpers, der immer gesund war und immer gesund ist, in Ihren übrigen Körper hinaus ausbreitet. Nehmen Sie wahr, ob sich dieses Gefühl von Gesundheit und Vitalität gleichmäßig ausbreitet oder in Wellen. Und beobachten Sie, wie es ist, wenn sich das Gefühl von Gesundheit und Vitalität, die Farbe von Gesundheit, der Klang von Gesundheit und alle Empfindungen von Gesundheit auch auf jene Teile Ihres Körpers ausbreiten, die vielleicht nicht immer so gesund waren und so funktioniert haben, wie Sie es sich gewünscht und vorgestellt haben. Beobachten Sie und nehmen Sie wahr wie es ist, wenn jede einzelne Zelle Ihrer Körpers von dem Gefühl von Gesundheit und Vitalität umschlossen wird.

Konzentrieren Sie sich auf Ihre Atmung. Stellen Sie sich vor, dass Sie durch das linke Nasenloch einatmen und durch das rechte Nasenloch wieder ausatmen. Dann atmen Sie durch das rechte Nasenloch wieder ein und durch das linke wieder aus. Lassen Sie Ihren Atem so weiter fließen, indem Sie durch das eine Nasenloch einatmen und durch das andere Nasenloch ausatmen.

Ballon

Manchmal schleppen wir Dinge mit uns herum, die uns belasten, negative Gefühle, lästige Angewohnheiten, schwierige Erinnerungen an Menschen oder Situationen. Wenn Sie irgendwelchen Ballast in sich haben, den Sie gern loswerden wollen, dann kann Ihnen diese Selbsthypnose immer wieder sehr schön behilflich sein dabei. Stellen Sie sich vor, dass sie einen ganz neuen Luftballon bei sich haben. Geben Sie diesem Luftballon bitte eine Farbe, die Sie für passend halten. Dann stellen Sie sich vor, dass Sie einen kleinen Zettel nehmen und darauf aufschreiben, was Sie belastet, was Sie loswerden wollen, was Sie zukünftig nicht mehr tun wollen. Schreiben Sie dann Zeile für Zeile, nach und nach immer weiter und weiter all die Dinge auf den Zettel, die Sie belasten. Nun falten Sie das Papier ganz klein zusammen und stecken es in den Luftballon und füllen ihn mit Heliumgas. Binden sie den Luftballon gut zu und befestigen Sie ein langes Band an seinem Ende.

Nun gehen Sie in Ihrer Fantasie nach draußen, um an einen wunderschönen Ort zu gelangen. Um an diesen Ort zu gelangen, stellen sie sich bitte vor, dass Sie eine Treppe hinunter gehen, die mindesten 50 Stufen hat. Gehen Sie nun mit dem Luftballon und dem Zettel darin nun Stufe für Stufe nach unten, weiter und weiter, Schritt für Schritt. Sie können dabei auch von 10 auf eins rückwärts zählen und mit jeder Zahl einen Schritt weiter nach unten gehen. Unten am Ende der Treppe angekommen, stellen Sie sich bitte vor, dass Sie durch eine Tür nach draußen treten und sich an einem wunderschönen Ort befinden. Vielleicht ist es eine schöne Wiese, vielleicht ein sonniger Strand oder vielleicht ist es der Gipfel eines Berges. Dort angekommen holen Sie ganz tief Luft, füllen Sie Ihren ganzen Körper an mit Luft bis in Ihre Zehenspitzen hinein und mit allen Gedanken und Gefühlen, die Sie gern loslassen möchten. Dann atmen Sie aus, lassen alles aus Ihnen hinaus fließen, was Sie loswerden möchten. Und nun können Sie auch den Luftballon loslassen und die Gedanken und Gefühle, die Sie darin eingelagert haben.

Beobachten Sie wie der Luftballon höher und höher, weiter und weiter wegfliegt. Vielleicht können Sie spüren, wie Sie sich selbst leichter fühlen, wenn diese alten Dinge von Ihnen wegschweben. Vielleicht ist es gut, wenn Sie noch ein paar Mal tief einatmen und gründlich wieder ausatmen. Beobachten Sie Ihren Luftballon, der kleiner und kleiner wird und schließlich ganz unsichtbar ist. Sie können sich jetzt auf den Himmel konzentrieren, auf die Bewegung der Wolken, den Horizont, auf das Gelände um Sie herum und den Boden unter Ihnen, der Sie trägt. Ist es nicht ein schönes Gefühl, getragen zu werden?! Wenn Sie wollen, können Sie in Ihrer Fantasie noch eine Minute oder länger dort sitzen und langsam tief atmen.

Während Sie so weiter atmen, erinnern Sie sich bitte an eine Situation, in der Sie unendlich entspannt waren. Es kann ein Urlaub gewesen sein, ein wunderschönes Erlebnis oder auch nur eine Fantasie. Vielleicht haben Sie sich dabei ganz leicht gefühlt, vielleicht aber auch unbeschwert, vielleicht ganz frei. Frei von Verpflichtungen, keine Termine, keine Menschen, keine Sorgen. Es gibt überhaupt nichts zu tun. Nichts um Sie herum kann verhindern, dass es Ihnen jetzt gut geht. Konzentrieren Sie sich auf Ihre Atmung. Mit jedem Atemzug, den Sie machen, kann mehr und mehr Raum in Ihnen entstehen. Stellen Sie es sich einfach mal vor. Erleben Sie, wie Ihr Körper mit jedem Atemzug, den Sie machen, immer stärker und widerstandsfähiger wird. Spüren Sie den unerschöpflichen Strom der Lebenskraft in Ihrem Körper aufsteigen, mit jedem Herzschlag. Vielleicht stellen Sie sich einmal vor, wie Ihr Herz eine unerschöpfliche Kraftquelle ist, ein von Sonnenenergie und Naturkräften betriebenes Energiezentrum, das Ihren ganzen Körper mit unendlich viel Energie und Kraft versorgt, die Sie zutiefst wach, offen und mutig werden lässt.

Stellen Sie sich vor, wie es ist, wenn Ihr Magen lächelt. Ihr Magen kann richtig lächeln und manchmal kann er sogar ganz herzhaft lachen. Stellen Sie sich das einmal vor und erinnern Sie sich daran, wie sich Ihr Körper anfühlt, wenn Sie aus tiefstem Herzen lachen.

Ich frage mich, wie es jetzt wohl wäre, an einem schönen Strand spazieren zu gehen oder vielleicht auf einer Wiese oder vielleicht auch auf dem Gipfel eines Berges zu stehen?

Ein Blick in den blauen Himmel kann dabei bedeuten, sich noch mehr und noch tiefer zu entspannen, sich noch ruhiger und freier zu fühlen. Spüren Sie den Wind in den Haaren, den warmen, entspannenden Sommerwind auf Ihrer Haut, hören Sie das Rauschen der Wellen, spüren Sie den Geruch des Wassers, genießen Sie die Weite und den Raum in Ihrem Körper, der mit jedem Atemzug immer größer und weiter wird. Es gibt nichts um Sie herum, was verhindern könnte, dass es Ihnen jetzt richtig gut geht. Und Sie brauchen gar nichts zu tun. Lassen Sie sich doch einfach mal überraschen, lassen Sie die Dinge von ganz alleine geschehen.

Konzentrieren Sie sich auf Ihren Wohlfühlort, tanken Sie dort Kraft und Energie auf. Und ich frage mich, wo Sie das Gefühl von Entspannung jetzt am deutlichsten in Ihrem Körper spüren können? Legen Sie bitte eine Hand dorthin und belassen Sie sie dort für einen Augenblick. Und wann immer Sie Ihre Hand an diese Stelle legen, werden Sie das Gefühl von Entspannung auslösen können. Und erlauben Sie sich, Zeit für sich zu haben und zu entspannen. Vielleicht erinnern Sie sich dabei an einen Menschen, zu dem Sie tiefes Vertrauen haben oder in der Vergangenheit tiefes Vertrauen hatten. Vielleicht ist es ein Mensch, der Ihnen eine starke Sicherheit vermittelt oder starke Sicherheit vermittelt hat. Vielleicht ist es jemand, der an Ihre Fähigkeiten glaubt und der Sie für einen sehr wertvollen Menschen hält. Ich weiß nicht, worüber Sie sich mit diesem Menschen unterhalten, aber wenn Sie an diesen Menschen denken, können Sie vielleicht hören, wie dieser Mensch zu Ihnen sagt, ganz leise und so, dass nur Sie es hören können: *„Du schaffst das, ich bin sicher, dass Du das schaffen wirst"*. Lassen Sie die Änderungen in Ihrem Leben geschehen und Sie werden sich immer öfter energievoll und munter fühlen und immer öfter lustvoll und voller Tatendrang sein.

Konzentrieren Sie sich auf das, was Sie gerade in diesem Augenblick tun und vertiefen Sie sich in diesen Augenblick, wenden Sie sich mehr und mehr Ihren Stärken und Zielen zu. Sie sind der wichtigste Mensch in Ihrem Leben! Beschäftigen Sie sich immer mehr mit Ihren Aufgaben, Ihren Erfolgen und Ihrer Gesundheit. So werden Sie von Tag zu Tag innerlich immer stärker, belastbarer und ruhiger, still und ausgeglichen, wie das Innere der Sonne. Je mehr Sie sich mit Ihrer Gesundheit beschäftigen, desto mehr herrscht eine leuchtende Ruhe und heitere Gelassenheit in Ihnen. Mit jeder Entscheidung die Sie treffen, werden Sie noch mehr persönliche Kraft und Freude empfinden, so dass Sie sich in Ihrem gesamten Wesen freier und freier fühlen werden. Sie werden mit jeder Entscheidung, die Sie treffen, Ihre Aufmerksamkeit nur auf die Dinge richten, mit denen Sie sich tatsächlich beschäftigen wollen. Nur diese Dinge sind wichtig. Das führt dazu, dass Sie alles so erleben, wie es wirklich ist.

Mit jedem Tag wächst in Ihnen das wundervolle Gefühl einer inneren Harmonie, einer stillen Zufriedenheit, einer grenzenlosen Begeisterung und Dankbarkeit für das Leben und dafür, was Sie aus Ihrem Leben machen können, machen wollen und machen werden. Sie lernen, sich stärker und stärker auf sich selbst zu verlassen. Sie entwickeln immer mehr Vertrauen in sich selbst. Sie haben mehr und mehr Zuversicht in die eigenen Fähigkeiten. Sie trauen sich immer häufiger zu, auch Dinge zu tun, die Sie sich wünschen, die für Sie wichtig sind. Sie sind gewillt, immer mehr auch für sich selbst da zu sein und selbst Entscheidungen zu treffen. Sie wissen und nehmen innerlich für sich wahr, dass Sie nicht alle Menschen gleich mögen müssen – genauso, wie auch Sie sie unterschiedlich lieb haben. Davon unabhängig sind und bleiben Sie im Vollbesitz Ihrer natürlichen Kräfte, in allen Bereichen voll funktionsfähig. Sie wissen und nehmen innerlich wahr, dass Sie nach Vollkommenheit streben und dies eine Chance zur persönlichen Weiterentwicklung ist. Und deshalb fühlen Sie sich von Tag zu Tag in Ihrem ganzen Wesen freier und freier und beschwingter. Mit jeder Entscheidung, die Sie treffen, wird in Ihnen das Gefühl der eigenen Unabhängigkeit, der inneren Freiheit, der persönlichen Sicherheit und Geborgenheit, der tiefen Dankbarkeit und Begeisterung für das Leben noch stärker und spürbarer. Daher werden Sie sich nachher leichter fühlen und Lust verspüren, etwas Neues auszuprobieren, sich körperlich mehr zu betätigen und bewusster auf Ihre Gesundheit zu achten. Vor allem werden Sie sich noch zufriedener, noch gesünder fühlen, als Sie es jetzt schon sind.

Übungen zur Ressourcenförderung und Ich-Stärkung

Die nachfolgenden Übungen haben sich in meiner therapeutischen Erfahrung bewährt und können Ihnen helfen, eigene Ressourcen zu mobilisieren und Stärken bewusst zu machen, um Lösungswege für die Krisenbewältigung zu entwickeln (vgl. Lüdke, Chr./ Clemens, K.: Vernetzte Opferhilfe. Handbuch der Psychologischen Akutintervention, Bergisch Gladbach: Edition Humanistische Psychologie 2003 und Lüdke, Chr./Trapski, P./Becker A.: Die Curry-Clique. Geschichten zur Gewaltprävention, Heidelberg: Economica Verlag 2008).

Übung zu persönlichen Erfolgen

Überlegen Sie genau, welche persönlichen Erfolge Sie bisher im Leben hatten. Das können „offizielle" Erfolge wie Ausbildung sein, oder ganz persönliche in Ihrer Biografie. Schreiben Sie fünf persönliche Erfolge auf (es können natürlich auch mehr sein)! Jetzt überlegen Sie, ganz unbescheiden und offen, welche Gründe dazu geführt haben, dass Sie diese Erfolge erreicht haben. Welche Fähigkeiten und Fertigkeiten haben Sie dabei gezeigt? Schreiben Sie diese Gründe, Ihre Fähigkeiten und Fertigkeiten für jeden persönlichen Erfolg genau und offen auf. Suchen Sie allgemeine Begriffe (nicht: „Ich wollte das einfach", sondern „Willen"). Schauen Sie sich im Anschluss daran genau an, welche persönlichen Erfolge Sie gehabt haben und nennen Sie jeweils drei Gründe dafür, wie Sie diese erreicht haben. Sie werden Ihr persönliches Erfolgsrezept erkennen und können es auch zukünftig zur Krisenbewältigung nutzen.

Übung zur Achtsamkeit/Zanshin

Bitte suchen Sie für sich eine angenehme Körperhaltung (im Liegen oder Sitzen). Spüren Sie erst einmal, wie Ihr Körper Kontakt mit dem Boden oder mit dem Stuhl hat. Spüren Sie wie Ihre Füße Kontakt mit dem Boden haben und wo Ihre Arme auflehnen. Erspüren Sie den Kontakt mit den Füßen und mit den Armen.
Als nächstes bitte ich Sie, wahrzunehmen, dass Ihr Körper atmet und dass er dabei Bewegungen macht: Ihr Brustkorb und Ihr Bauch heben sich sanft auf und nieder. Spüren Sie, wie sich der Brustkorb und die Bauchdecke auf und nieder senken.
Zählen Sie beim Ein- und Ausatmen mit: 1, 2, 3 beim Einatmen und 1, 2, 3, 4 beim Ausatmen. Achten Sie darauf, dass Sie langsam und lang gezogen ausatmen.
Beobachten Sie, was beim Atmen passiert: die Nasenflügel bewegen sich, der Brustkorb, der Bauch hebt und senkt sich. Beenden Sie die Übung, in dem Sie wieder

bewusst wahrnehmen, dass Ihr Körper Kontakt mit dem Boden oder dem Stuhl hat. Kehren Sie dann wieder mit Ihrer Aufmerksamkeit bewusst in den Raum zurück.

Erweiterte Übung zur Achtsamkeit

Jetzt lade ich Sie ein, mit der Aufmerksamkeit durch den Körper zu gehen. Sie können, wenn Sie wollen, sich vorstellen, dass diese Achtsamkeit wie eine Körperberührung ist. Beginnen Sie beim Scheitel. Nehmen Sie die Scheitelregion achtsam wahr. Registrieren Sie, was dort zu spüren ist. Fühlt sich das angenehm oder unangenehm an? Ist es eher kalt oder warm? Oder ist dort eigentlich gar nichts zu spüren? Wenn Sie diese Übung zum ersten Mal machen, ist es vielleicht einfacher, nur außen zu spüren, ansonsten können Sie versuchen, außen und innen zu spüren. Lenken Sie Ihre Aufmerksamkeit dann zum Hinterkopf. Nehmen Sie ihn und was Sie dort spüren wahr. Gehen Sie dann weiter mit Ihrer Aufmerksamkeit zu den Ohren ... zur Stirn ... zu den Augen. Nehmen Sie achtsam Ihre Wangen wahr ... die Nase ... den Mund ... und die Region zwischen Nase und Mund ... das Kinn. Nehmen Sie den Hals und den Nacken achtsam wahr. Gehen Sie dann mit der Aufmerksamkeit zu den Schultern. Nehmen Sie die Schultern wahr ... die Oberarme ... die Unterarme ... die Hände. Nehmen Sie Arme und Hände noch mal als Ganzes wahr, von der Schulter zu den Fingerspitzen. Und jetzt nehmen Sie den Rumpf wahr, zunächst den Rücken vom Nackenwirbel bis zum Steißbein, dann den vorderen Teil des Rumpfes, zunächst den Brustbereich. Nehmen Sie dann den Bauchbereich wahr ... dann den Beckenbereich. Gehen Sie jetzt mit Ihrer Aufmerksamkeit zu den Beinen, zunächst zu den Oberschenkeln. Dann nehmen Sie Ihre Knie achtsam wahr ... die Unterschenkel ... die Füße. Und dann nehmen Sie noch mal die Füße und Beine als Ganzes wahr, von den Hüftgelenken zu den Zehenspitzen. Wir schließen die Übung ab, indem wir uns vorstellen, dass wir durch den Scheitel einatmen und dass der Atem den Körper durch die Füße verlässt. Kommen Sie dann mit der vollen Aufmerksamkeit zurück in den Raum.

Übung zur Videotechnik

Setzen Sie sich möglichst entspannt hin. Sie haben innerlich einen Bildschirm vor sich und eine Fernbedienung dazu, mit der Sie den Fernseher bedienen können, wie Sie möchten. Sie können damit beispielsweise das Gerät ein- oder ausschalten, es vor- oder zurückspulen. Für diese Übung ist es wichtig, dass Sie sich mit der Taste „Standbild" vertraut machen und sicherstellen, dass sie gut funktioniert. Schalten Sie nun innerlich das Gerät ein und verlagern Sie eine Szene aus dem Traumafilm auf den Bildschirm (am Anfang am besten ein Bild, dass Ihnen nicht allzu sehr Angst bereitet!). Halten Sie diese Szene mit Standbild fest. Richten Sie nun Ihre Aufmerksamkeit auf den Rand des Bildschirms. Beobachten Sie, wie das Bild vom Rand her schrumpft, wie es kleiner und immer kleiner wird, bis es nur noch ein kleiner Bildpunkt auf der Mitte des Bildschirmes ist. Jetzt drücken Sie auf die Abschalttaste Ihrer Fernbedienung. Sie können jetzt beobachten, wie der Bildpunkt mit einem Geräusch – zisch und plopp – völlig vom Bildschirm verschwindet. Sie haben das Bild zugleich auf eine Videokassette gespeichert. Jetzt gehen Sie zum Videorekorder, holen die Kassette heraus, stecken Sie in eine Videohülle und gehen damit über den Flur, in den Keller und dort bis zum letzten Raum des Kellers. Dort ist ganz hinten ein Regal. Sie stellen die Videokassette in das Regal im letzten Raum des Kellers. Jetzt verlassen Sie wieder den Kellerraum, verlassen den

Keller und ziehen die Kellertür hinter sich zu. Achten Sie auf das Geräusch, das beim Zuziehen der Kellertür entsteht. Schließen Sie den Keller ab, gehen in Ihren Wohnraum und verwahren Sie dort den Schlüssel in einer sicheren Schublade.

Übung zum sicheren Ort

Nun möchte ich Sie einladen, die Übung des inneren sicheren Ortes zu machen. Lassen Sie in Gedanken oder Vorstellungen einen Ort aufsteigen, an dem Sie sich ganz sicher, wohl und geborgen fühlen. Das kann ein realer Ort sein (zum Beispiel ein Urlaubsort) oder ein reiner Fantasieort. Wichtig ist, dass Sie sich ganz sicher und wohl und geborgen dort fühlen. Am besten ist es, wenn keine anderen Menschen dort sind. Nur Sie an dem schönen Ort. Wenn Sie einen Ort gefunden haben, an dem Sie sich so wohl und geborgen fühlen, geben Sie Ihm einen Namen Ihrer Wahl (Strand, Berge, Meer, Bäume etc.). Jetzt schauen Sie sich dort um. Konzentrieren Sie sich auf die Empfindungen der Sicherheit, Ruhe und des Wohlgefühls und versuchen Sie nach zu spüren, wie sich diese Empfindungen anfühlen. Schauen Sie sich auch die Details an, was ist nah und was ist fern. Welche Farben sind dort, welche Geräusche sind dort und welche Temperatur herrscht dort. Und versuchen Sie dabei immer das Gefühl von Ruhe, Sicherheit, Geborgenheit und Wohlbehagen nachzuempfinden. Wenn irgendetwas an dem Ort noch stört, verändern Sie es einfach so, wie Sie es sich wünschen und wie es für Sie angenehm ist. Bleiben Sie einen Augenblick an diesem Ort und genießen Sie das Wohlgefühl, die Ruhe, Sicherheit und Geborgenheit, die Ihnen Ihr Ort gibt...

Wenn Sie möchten, können Sie diesen Ort mit einer kleinen Körpergeste verankern; vereinbaren Sie mit sich eine kleine Körpergeste (Hand aufs Herz, Fingerspitzen an den Schläfen etc.). So fällt es Ihnen in Zukunft leichter, dorthin zu gelangen. Wann immer Sie möchten, führen Sie diese Geste aus. Kommen Sie dann mit Ihrer Aufmerksamkeit zurück in den Raum.

Übung zur tiefenmuskulären Entspannung

Setzen Sie sich möglichst bequem auf einen Stuhl. Lassen Sie Ihre Muskeln so locker wie möglich. Schließen Sie die Augen und atmen Sie tief und ruhig. Ballen Sie jetzt eine Hand zur Faust und achten Sie auf die Spannung in Ihrer Hand und in Ihrem Unterarm. Lassen Sie dann vollständig los, lassen Sie Hand und Unterarm ganz locker. Achten Sie darauf, wie sich die Muskeln Ihrer Hand und Ihres Unterarms allmählich immer mehr entspannen, achten Sie auch auf die Entspannung in den einzelnen Fingern. Wiederholen Sie die Übung mit der anderen Hand. Dann wiederholen Sie die Übung mit beiden Händen. Als nächstes spannen Sie einen Oberarm an. Winkeln Sie den Ellbogen an und spannen Sie die Oberarmmuskeln fest an. Achten Sie auf die Spannung. Lassen Sie dann den Oberarm wieder ganz locker und lassen den Arm bequem ruhen. Achten Sie auf die Empfindung der Entspannung im Oberarm.

Wiederholen Sie die Übung mit dem anderen Oberarm. Dann wiederholen Sie die Übung mit beiden Oberarmen. Konzentrieren Sie sich jetzt auf die Stirn. Ziehen Sie die Augenbrauen fest nach oben, so dass auf der Stirn Querfalten entstehen. Beobachten Sie die Spannungsempfindungen an der Stirn. Dann entspannen Sie die Stirn wieder, lassen sie glatt werden und gelöst wie eine glatte, leere Fläche. Spüren Sie wie mit der Entspannung der Stirn die ganze Kopfdecke locker wird. Kneifen Sie jetzt die Augen zusammen, beißen Sie die Backenzähne zusammen und spannen Sie die Gesichtsmuskeln an, indem Sie eine Grimasse machen. Achten Sie auf die Anspannung der Augen, des Kiefers, der Lippen und des ganzen Gesichts. Lassen Sie dann das Gesicht ganz los und spüren Sie die Entspannung. Jetzt ziehen Sie die Schultern in die Höhe und gleichzeitig den Kopf ein. Achten Sie auf die Spannung, die dabei im Nacken und in der Schulter entsteht. Lassen Sie dann die Schultern wieder fallen und den Kopf ganz locker. Spüren Sie das angenehme Gefühl der Entspannung im Nacken und in der Schulter. Spannen Sie die Rückenmuskulatur an, indem Sie die Schulterblätter nach hinten ziehen. Achten Sie auf die Anspannung im Rücken. Lösen Sie dann vollständig die Spannung der Rückenmuskulatur und achten Sie auf die Entspannung im Rücken. Spannen Sie Ihre Bauchmuskeln an, indem Sie Ihre Bauchdecke „hart" machen. Sie können auch den Bauch einziehen oder herausdrücken. Achten Sie auf die Anspannung im Bauch. Lassen Sie dann die Bauchmuskeln ganz locker. Achten Sie auf die Empfindungen der Entspannung im Bauch. Pressen Sie jetzt die Fersen auf den Boden, ziehen Sie die Fußspitzen Richtung Gesicht hoch und spannen Sie gleichzeitig Ihre Unterschenkel, Ihre Oberschenkel und die Gesäßmuskulatur an. Achten Sie auf die Spannung im Gesäß, in den Ober- und Unterschenkeln und in den Füßen. Dann lösen Sie die Spannung wieder. Und achten auf die Entspannungs-Empfindungen in den Muskelbereichen Gesäß, Beine und Füße. Spannen Sie zum Schluß alle Muskelgruppen gleichzeitig an: Ballen Sie Fäuste, winkeln Sie die Ellbogen und spannen Sie die Oberarmmuskeln an, ziehen Sie eine Grimasse, ziehen Sie die Schultern hoch und den Kopf ein, spannen Sie die Rücken und Bauchmuskulatur an, pressen Sie die Fersen auf den Boden und ziehen Sie die Zehenspitzen hoch in Richtung Gesicht und spannen Sie Gesäß- und Beinmuskulatur an. Halten Sie kurz die Anspannung. Lassen Sie alle Muskeln vollständig los und achten Sie auf die Entspannung im ganzen Körper. Versuchen Sie mit jedem Ausatmen noch weiter, noch tiefer zu entspannen. Beenden Sie die Entspannung, indem Sie Ihre Hände langsam wieder anspannen, strecken und räkeln Sie sich, öffnen Sie allmählich die Augen und kommen Sie langsam wieder zurück.

Übung zum Lichtstrahl

Setzen Sie sich entspannt hin und machen Sie vorab die kurze Achtsamkeitsübung wie oben geschildert (Beobachtung der eigenen Atmung und Mitzählen beim Ein- und Ausatmen... 1-2-3, 1-2-3-4). Konzentrieren Sie sich bitte auf eine einzelne, störende Körperempfindung (Kopfschmerzen, Kloß im Hals, Magendruck etc.). Geben Sie dieser Körperempfindung nach den folgenden Anweisungen eine Form. Es mag Ihnen zwar komisch erscheinen, Ihren Schmerzen und Ihren Körperempfindungen eine Form zu geben, aber versuchen Sie es einfach. Konzentrieren Sie sich auf die Körperempfindung und versuchen Sie, die folgenden Anweisungen zu befolgen:

- Welche Form hat diese Empfindung?
- Welche Farbe hat diese Form?
- Welche Temperatur hat diese Form?
- Welche Oberflächenbeschaffenheit hat diese Form?
- Welche Farbe ist für Sie in besonderer Weise mit Heilung verbunden?

Stellen Sie sich vor, dass ein Lichtstrahl in dieser Heilungsfarbe durch Ihre Schädeldecke strömt und durch Ihren Kopf bis zu der Form in Ihrem Körper fließt. Stellen Sie sich vor, das Licht kommt vom Himmel, aus dem Kosmos: Je mehr Sie davon benötigen, desto

mehr ist verfügbar. Der Lichtstrahl fließt von selbst zu dieser Form in Ihrem Körper und um sie herum, durchflutet sie und versetzt sie in Schwingungen. Und indem dies geschieht, was passiert mit der Form? Beobachten Sie einfach, was mit der Form passiert. Beobachten Sie einfach immer weiter, was mit der Form passiert, und nehmen Sie wahr, was mit der Form geschieht. Bleiben Sie geduldig und lassen Sie den Lichtstrahl so lange fließen, wie es angenehm ist und Sie beobachten einfach, was er mit der Form macht. Wenn sich ein angenehmes Körpergefühl entwickelt oder wenn sich die Form so verändert, dass sie keine unangenehme Körperempfindungen mehr bewirkt oder wenn sie sich aufgelöst hat, dann können Sie den Lichtstrahl noch weiter nutzen: Lassen Sie jetzt den Lichtstrahl an Ihrem Kopf und Ihrem gesamten Körper herunterfließen. Er fließt am Kopf herunter, an den Schultern herunter, über Brust und Bauch entlang, an den Beinen und Füßen herunter bis in die Erde zurück. Sie sind jetzt ganz von dem Lichtstrahl eingehüllt ...
Genießen Sie einen Augenblick das wohltuende Gefühl, von dem Lichtstrahl ganz eingehüllt zu werden. Kommen Sie dann mit Ihrer Aufmerksamkeit wieder langsam zurück in den Raum.

Übung zum inneren Theater

Bitte setzen Sie sich in eine sehr bequeme und angenehme Sitzposition. Schließen Sie bitte die Augen und stellen Sie sich vor, Sie sitzen in einem Theater, genau in der Mitte, ganz vorne, so dass Sie die gesamte Bühne vor sich im Blick haben. Sie sind jetzt der Regisseur in dem nun folgenden Stück. Bitte nehmen Sie Ihre Gefühle und Gedanken wahr und lassen Sie Ihre Gefühle, wie Aggressionen und Angst usw. nacheinander in Form von Personen auf der Bühne vor sich erscheinen. Wenn alle *„Personen"* auf der Bühne sind, dürfen Sie die Anweisungen geben, die von den Spielern auf der Bühne genau befolgt werden müssen. Die Kontrolle liegt ausschließlich bei Ihnen und alles auf der Bühne geschieht genau so, wie Sie es sich wünschen. Lassen Sie die Spieler so lange handeln, bis das Stück eine für Sie angenehme Situation und Stimmung erreicht. Wann immer Sie wollen, können Sie das *„Bühnenstück"* beenden. Am Ende der Übung stellen Sie sich bitte vor, dass sich irgendwo auf, hinter oder unter der Bühne eine Schatztruhe befindet. Wo finden Sie die Schatztruhe? Bitte erheben Sie sich in Ihrer Fantasie aus Ihrem Theatersessel und begeben Sie sich zu dieser Schatztruhe. Dort angekommen öffnen Sie vorsichtig den Deckel. In der Schatztruhe finden Sie etwas sehr, sehr wertvolles für Sie. Was ist es? Bitte nehmen Sie es aus der Schatztruhe heraus und nehmen es in Ihrer Fantasie mit zurück in die gegenwärtige Situation. Genießen Sie einen Augenblick das Wissen um diesen reichen Schatz, den Sie in sich tragen, und öffnen dann langsam die Augen.

Übung zum Atem

Atmen Sie regelmäßig, tief und gleichmäßig ein und aus. Es ist die längste Meditation der Welt: durch die Nase einatmen, durch den Mund ausatmen, es gibt kein Gut, es gibt kein Böse, kein Richtig, kein Falsch, kein Schön, kein Hässlich; über die Atmung kommen Sie zu sich, zentrieren sich wieder und durch die Vibration des Körpers spüren Sie: ich lebe!
Einatmend weiß ich, dass ich einatme.
Ausatmend weiß ich, dass ich ausatme.
Einatmend sehe ich mich selbst als Blume.

Ausatmend fühle ich mich frisch.
Einatmend sehe ich mich selbst als Berg.
Ausatmend fühle ich mich unerschütterlich.
Einatmend sehe ich mich selbst als ruhiges Wasser.
Ausatmend sehe ich die Dinge wieder, wie sie sind.
Einatmend sehe ich mich selbst als weiten Raum.
Ausatmend fühle ich mich frei.

Übung zu Werten: Ein Königreich für einen Wert!

Um herauszufinden, welche Werte Ihnen besonders wichtig sind im Leben, können Sie die folgende Übung machen:
Nehmen Sie bitte ein großes Blatt und einen Stift und vervollständigen Sie zum jeweiligen Wert die angefangenen Sätze. Tun Sie das nach und nach mit allen Werten aus der Aufzählung unten. Beispiel:
Ehrlichkeit ist …
Ich bin ehrlich, weil …
Im Leben ist Ehrlichkeit wichtig, weil …
Mein Symbol/Bild für Ehrlichkeit ist …

Weitere Werte:
Ehrlichkeit, Mut, Bescheidenheit, Ernsthaftigkeit, Freundschaft, Vertrauen, Hilfsbereitschaft, Höflichkeit, Respekt, Selbstbeherrschung, Wertschätzung, Dankbarkeit, Verantwortungsbewusstsein, Friedfertigkeit, Zuverlässigkeit/Treue, Geborgenheit, Gerechtigkeit, Leistungsbereitschaft, Pflichtbewusstsein, Mitgefühl/Empathie, Umweltschutz, Geld/Besitz, gute Manieren, Toleranz, Durchsetzungsfähigkeit, Glaube, Ordnung, Risikobereitschaft, Tierliebe, Spielen und Geduld.

Übung zu Vorbildern

Um eigene innere Kräfte besser zu nutzen, kann es hilfreich sein, zu überlegen, wer meine Vorbilder waren und was ich genau an ihnen bewundert habe:
Wer war oder ist
- mein Vorbild in der Familie?
- mein Vorbild in der Schule?
- mein Vorbild im Freundeskreis / Freizeit?
- mein Vorbild im Beruf?
- mein bisher größtes Vorbild, das mich am meisten geprägt hat?
- und für wen sind Sie heute ein Vorbild?

Übung zu Filmtitel

Stellen Sie sich vor, ein berühmter Hollywoodregisseur kommt zu Ihnen und fragt Sie, wie Ihr Kinofilm heißen würde, wenn Ihr Leben verfilmt würde. Am besten denken Sie nicht lange nach, sondern schreiben es spontan auf:
Haupttitel:
Untertitel:
Unteruntertitel:

Übung zu Casting-Show

Ressourcen bewusst machen und Gefühle wahrnehmen, Lösungsfantasien entwickeln, und innere Widerstandskraft stärken.

Stellen Sie sich einmal vor, Sie sind für eine neue Fernsehserie mit dem Titel *„So ändere ich mein Leben"* in die Runde der letzten zehn Teilnehmer gekommen. Beantworten Sie für sich folgende Fragen und entscheiden Sie selbst, ob Sie danach das Casting gewonnen haben:

Teil A

1. Was haben Sie sich als Letztes vorgenommen? Haben Sie den Vorsatz eingehalten? Wenn nein, warum nicht?
2. Wenn Sie vor einem großen Publikum einen Vortrag halten dürften – über welches Thema würden Sie gern sprechen?
3. Welches Sprichwort fällt Ihnen spontan ein?
4. Wie sieht Ihr typischer Sonntagmorgen aus?
5. Was halten Sie von Aberglauben?
6. Wer oder was ist für Sie *„echt unwiderstehlich"*?
7. Beschreiben Sie Ihre Wirkung auf Ihren Freundeskreis

Teil B

1. Was zeichnet Sie persönlich aus?
2. Wo liegen Ihre Stärken?
3. Was sind Ihre Schwächen und wie gehen Sie mit ihnen um?
4. Was war Ihr persönlich größtes Erfolgserlebnis?
5. Wie gehen Sie mit Misserfolgen um?
6. Wie gehen Sie mit Enttäuschungen um?
7. Wovor haben Sie Angst und wie gehen Sie damit um?
8. Wie lautet Ihr Lebensmotto?
9. Was war das Schönste, das Sie bisher erlebt haben?

Teil C

1. Gibt es Situationen, in denen Ihnen selbst Freunde auf die Nerven gehen?
2. Sind Sie eher Pessimist oder Optimist?
3. Wie stehen Sie zu fremden Menschen, die Sie nicht begeistern können?
4. Finden Sie sich sexy/erotisch?
5. Was schätzen Freunde an Ihnen?
6. Haben Sie eine Entscheidung im Leben jemals bereut? Welche?
7. Können Sie auch mal gar nichts tun?
8. Was hat Sie zu dem Menschen gemacht, der Sie heute sind?
9. Welche Lebensplanung könnten Sie sich für Sie vorstellen?
10. Wie denken Sie über Zufälle im Leben?

Teil D

1. In welchen Situationen sind Sie lebendig und wach?
2. Wann/womit hatten Sie den bisher meisten Spaß in Ihrem Leben?
3. Wann mögen Sie sich selbst am liebsten?
4. Was interessiert Sie wirklich?
5. Was ist gut an Ihrer augenblicklichen Situation?
6. Wie motivieren Sie sich selbst, wenn Sie einen schlechten Tag haben?
7. Wie hat sich Ihr Leben durch den Beruf verändert?
8. Glauben Sie an Schicksal?
9. Was können Sie gar nicht leiden? Bitte nennen Sie drei Dinge.

Teil E

1. Suchen Freunde und Bekannte gern bei Ihnen Rat?
2. Sagen Sie vorsichtig oder sehr direkt, was Sie denken?
3. Sie sind im Urlaub und werden auf der Rückreise im Reisebus vom Hochwasser überrascht. Das Gepäck ist vom Wasser bedroht. Ergreifen Sie die Initiative oder warten Sie darauf, dass jemand anders Sie auffordert, beim Umladen des Gepäcks behilflich zu sein? Wie helfen Sie denjenigen, die Angst bekommen?
4. Ein Freund hat ein Problem – seine Frau hat sich von ihm getrennt. Wie würden Sie ihm helfen?
5. Wie gehen Sie mit Ihren Gefühlen um – können Sie darüber reden?
6. Wie gehen Sie mit Vorurteilen gegenüber anderen Menschen um?
7. Wie fühlt man sich, wenn man den ersten Platz belegt hat?
8. Welche Voraussetzungen muss man mitbringen, um sein Leben zu verändern?
9. Was bedeutet für Sie Glück?

Teil F

1. Was ist das Wertvollste, das Sie besitzen?
2. Was möchten Sie gern noch einmal neu anfangen?
3. Was möchten Sie mit dem Teil des Lebens anfangen, der vor Ihnen liegt?
4. Was ist der beste Rat, den Sie je bekommen haben?
5. Welches Ziel haben Sie am leichtesten erreicht? Wie?
6. Was wären Sie, wenn Sie ein Tier wären? Oder eine Pflanze?
   Was sagt das über Sie aus?
7. Was möchten Sie an Ihrem 90. Geburtstag über Ihr Leben sagen können?
8. Was war Ihre beste Erfahrung im Beruf?
9. Wenn Sie einem Gott begegnen würden, welche Frage würden Sie ihm stellen?
10. Wofür sind Sie in Ihrem Leben dankbar?

Teil G

1. Was ist Ihnen das Wichtigste an einer Freundschaft?
2. Wann haben Sie zum letzten Mal eine überraschend einfache Lösung gefunden?
3. Was ist die schwierigste Aufgabe, die Sie bisher gemeistert haben?
4. Was war die nützlichste Arbeit, die Sie je zu bewältigen hatten?
5. Worin möchten Sie ernster genommen werden?
6. Was war die größte Summe Geld, die Sie je an einem Tag bekommen haben? Wofür?
7. Was können andere von Ihnen bekommen?
8. Was ist das größte Lob, das Sie je erhalten haben?
9. In welchem Bereich sind Sie ein Künstler?
10. Was ist Ihr größter Herzenswunsch?
11. Wann und worüber haben Sie das letzte Mal so richtig von Herzen gelacht?

Schnelle Übung zur 5000 Euro-Frage

Wenn Sie mal auf die Schnelle herausfinden wollen, was Ihnen gerade wirklich wichtig ist, dann beantworten Sie spontan die Frage: *„Was würde ich spontan mit 5000 Euro in bar machen, wenn ich sie geschenkt bekäme?"*

Übung zur Stimme des Körpers

Stellen Sie sich mal vor, dass Ihr Körper laut sprechen könnte, genauso wie ein Mensch. Hören Sie mal ganz tief in sich hinein. Wenn Ihr Körper in diesem Augenblick sprechen könnte, so richtig laut, was würde er jetzt sagen?
Wenn mein Körper jetzt laut sprechen könnte, würde er sagen…
Und jetzt schreiben Sie bitte als Antwort einen Brief an ein Organ oder einen Körperteil von Ihnen und stellen Sie sich dabei vor, dass dieser Körperteil Ihr bester Freund oder Ihre beste Freundin wäre.

Übung zu Meditation: Alles zu seiner Zeit

Lesen Sie bitte die u.a. Zeilen; sie entstammen dem Kulturkreis des Zen-Buddhismus. Können Sie dazu auch Bespiele aus Ihrem Leben nennen? Beispiele aus Ihrem Freundeskreis, Ihrer Familie? Welche Lehre können Sie daraus für sich ziehen?

Ein in Meditation erfahrener Mann wurde einmal gefragt, warum er trotz seiner vielen Beschäftigungen immer so gesammelt sein könne. Er sagte: *„Wenn ich stehe, dann stehe ich. Wenn ich gehe, dann gehe ich. Wenn ich sitze, dann sitze ich. Wenn ich esse, dann esse ich. Wenn ich spreche, dann spreche ich."* Da fielen ihm die Fragesteller ins Wort und sagten: *„Das tun wir auch, aber was machst du darüber hinaus?"* Er sagte wiederum: *„Wenn ich stehe, dann stehe ich. Wenn ich gehe, dann gehe ich. Wenn ich sitze, dann sitze ich. Wenn ich esse, dann esse ich. Wenn ich spreche, dann spreche ich."* Wieder sagten die Leute: *„Das tun wir doch auch."* Er aber sagte zu ihnen: *„Nein, wenn ihr sitzt, dann steht ihr schon. Wenn ihr steht, dann lauft ihr schon. Wenn ihr lauft, dann seid ihr schon am Ziel."*

Übung zum Blick in die Zukunft

Stellen Sie sich vor, Sie machen eine Zeitreise – sagen wir: fünf Jahre in die Zukunft. Stell Sie sich vor, Sie sind heute in dieser Zukunft angekommen, und Ihr Leben ist wunderschön. Es kann gar nicht schöner werden. Nichts um Sie herum kann verhindern, dass es Ihnen gut geht. Beantworten Sie jetzt die folgenden Fragen:
- Wie hat sich Ihr Leben verändert? Was hat sich verändert? Wo stehen Sie jetzt in Ihrem Leben?
- Wie wichtig ist Ihnen Ihr Körper und wie geht es ihm?
- Wo leben Sie?
- Mit welchen Menschen sind Sie zusammen?
- Was tun Sie?
- Was lernen oder arbeiten Sie?
- Wie denken Sie über Sich, Ihr Leben und die Welt?

Übung zur Schlagzeile

Wenn alles nach Plan läuft und Ihr Leben sich nach Ihren Wünschen und Vorstellungen entwickelt und Sie wieder völlig gesund und glücklich sind: Welche Schlagzeile würden Sie sich in fünf Jahren in einer Zeitung Ihrer Wahl wünschen?

Wann ist professionelle Hilfe notwendig? Und vor allem wo?
Ein kurzer Wegweiser im Verwirrgarten der Psychotherapie.

„Wer alle Sorgen dieser Welt vergessen will, braucht nur
Schuhe zu tragen, die eine Nummer zu klein sind!"

Mark Twain

Die Schaulustigen und der Elefant
Man hatte einen Elefanten zur Ausstellung bei Nacht in einen dunklen Raum
gebracht. Die Menschen strömten in Scharen herbei. Da es dunkel war, konnten
die Besucher den Elefanten nicht sehen, und so versuchten sie, seine Gestalt
durch Betasten zu erfassen. Da der Elefant groß war, konnte jeder Besucher
nur einen Teil des Tieres greifen und es nach seinem Tastbefund beschreiben.
Einer der Besucher, der ein Bein des Elefanten erwischt hatte, erklärte, dass
der Elefant wie eine starke Säule sei; ein zweiter, der die Stoßzähne berührte,
beschrieb den Elefanten als spitzen Gegenstand; ein dritter, der das Ohr des
Tieres ergriff, meinte, er sei einem Fächer nicht unähnlich; der vierte, der über
den Rücken des Elefanten strich, behauptete, daß der Elefant so gerade und
flach sei wie eine Liege (nach Mowlana, persischer Dichter).

Psycho-Dschungel
Psychotherapie

Im Dschungel sind bekanntlich wilde Tiere. Aber Tiere sind ganz wunderbare Therapeuten. Sie sind regelrechte „Fellosofen"! Hunde, Pferde, Delfine, Elefanten. Es interessiert sie nicht, ob ein Mensch schön oder hässlich ist, jung oder alt, Mann oder Frau, reich oder arm, krank oder gesund. Es interessiert sie auch nicht, was ein Mensch erlebt hat. Ein Tier interessiert sich dafür, was gerade im Augenblick der Begegnung geschieht, wie wir mit ihm umgehen. Tiere sind natürlich. Sie kennen kein schlechtes Gewissen und auch keine Schuldgefühle. Wer ein Haustier hat, erspart sich oft viele Therapiestunden. Wir können viel von Tieren lernen. Tiere tun unserer Seele gut und unserer Gesundheit. Sie sind oft zuverlässige „Vertrauenspersonen" und Kraftspender.

> *„Mit einem kurzen Schweifwedeln kann ein Hund mehr Gefühl ausdrücken, als mancher Mensch mit stundenlangem Gerede".*
>
> Louis Armstrong

> *„Nach manchen Gesprächen mit Menschen hat man den Wunsch einen Hund zu streicheln, einem Affen zuzulächeln und vor einem Elefanten den Hut zu ziehen"!*
>
> Maxim Gorki

In vielerlei Hinsicht ähnelt die o.a. Szene mit dem Elefanten und den Schaulustigen an die heutige Situation in der Psychotherapie, Erziehung und Psychohygiene. Jeder der Besucher sieht richtig, doch nicht jeder sieht alles. Wenn Sie sich entschließen sollten, fachliche Hilfe in Anspruch zu nehmen, erkundigen Sie sich bitte vorher sorgfältig. Viele Titel im Namen und langjährige Berufserfahrung sind nicht unbedingt ein Qualitätsmerkmal für gute Therapeuten. Entscheidend ist, dass Sie und auch der Experte, den Sie aufsuchen, ein Gefühl der inneren Sympathie füreinander empfinden. Sonst ist Hilfe und Heilung nicht möglich. Voraussetzung für eine erfolgreiche Therapie ist ein vertrauensvolles Arbeitsbündnis. Die Beziehung und *„atmosphärische Chemie"* (ergreifende Gefühlsmächte, die sich randlos ergießen) muss stimmen, sonst funktioniert Therapie nicht. Machen Sie sich ein eigenes Bild in den Erstgesprächen und verlassen Sie sich auf Ihr Bauchgefühl. Wenn Sie auch nur geringe Zweifel haben, schauen Sie sich nach einem weiteren Fachmann um. Sprechen Sie in jedem Fall vorher mit einem Hausarzt Ihres Vertrauens. Er wird Ihnen sicherlich bei der Suche nach einem geeigneten Fachmann behilflich sein. So auch Ihre Krankenkasse. Darüber hinaus finden Sie im Anhang des Buches eine Reihe von Kontaktadressen, die Ihnen mit seriösen Empfehlungen weiter helfen können. Um sich ein wenig im Verwirrgarten der Psychotherapie orientieren zu können, haben wir nachfolgend einmal die wichtigsten Fachrichtungen erläutert (vgl. Lüdke, Chr./Clemens, K.: Kein Trauma muss für immer sein, Bergisch Gladbach: Edition Humanistische Psychologie 2003, S. 46 ff):

Die Fachklinik:

Im Bereich der Fachklinik für Psychotraumatologie werden Erwachsene – auch Einzelpersonen – und Kinder, die ein psychotraumatisches Erlebnis erfahren haben, aufgenommen. Das Therapiekonzept der stationären Rehabilitation posttraumatischer Belastungsstörungen beruht auf einer ganzheitlichen und integrierten Gesundheitssicherung, sowie einer nachhaltigen und alltagsnahen Behandlung von Patienten mit psychischen Störungen nach traumatischen Erlebnissen. Die Beratungsvariante dieses traumatherapeutischen Verfahrens beruht auf der Stabilisierung und Erweiterung der Selbstheilungskräfte der Patienten. Die Behandlung verläuft in verschiedenen Phasen: Förderung des Selbstschutzes, Stabilisierung, Durcharbeitung im Dialog, Neuorientierung und Reintegration.

Der Psychotraumatherapeut:

Im Bereich der ambulanten und stationären Therapie von posttraumatischen Belastungsstörungen sind Traumatherapeuten weitergebildete Fachtherapeuten oder Mediziner, die zuvor eine Ausbildung in einem zugelassenen Richtlinienverfahren absolviert haben (z.B. Verhaltenstherapie). Weiterhin gehören zu dieser Gruppe Therapeutinnen und Therapeuten, die eine Heilpraktikerzulassung haben oder in einem anderen therapeutischen Verfahren ausgebildet sind (z.B. Gestalttherapie), mit der Zulassung zur Ausübung der Heilkunde auf dem Gebiet der Psychotherapie. Traumaexperten beherrschen die Grundlagen der Psychotraumatologie: z.B. Erscheinungsbilder, Erklärungsansätze, Therapieforschung, Besonderheiten der posttraumatischen Belastungsstörung, Diagnostik und Differenzialdiagnostik, frühe Risikoeinschätzung, Stabilisierung, Psychoedukation und psychologische Akutinterventionen. Informationen zu Psychotraumatologie: http://www.psychotraumatologie.com

Der Neurologe:

Eine andere Bezeichnung für Neurologe ist Nervenarzt. Er beschäftigt sich mit den Störungen, Verletzungen, Ausfällen und Erkrankungen des Nervensystems und einzelner Nerven. Als Krankheitsbilder finden sich hier: Lähmungen, Sensibilitätsausfälle, Hirntumore, Verletzungen des Zentralnervensystems, und der peripheren Nerven und Erkrankungen wie Ischias und Neuralgien. Die Therapie erfolgt zumeist durch Medikamente, Bestrahlungen, elektrotherapeutische Anwendungen und physiotherapeutische Maßnahmen.

Der Psychiater:

Der Psychiater ist ebenso wie der Neurologe Arzt. Er hat sich auf die Geistes- und Gemütskrankheiten spezialisiert und beschäftigt sich vor allem mit den sogenannten Schizophrenien, *„endogenen"* Depressionen, Psychopathien und dem psychischen Erscheinungsbild von neurologischen Störungen. Dies ist auch der Grund dafür, dass in der Bundesrepublik der Psychiater in der Regel auch als Neurologe ausgebildet ist. Im Patientenkreis des Psychiaters finden sich Patienten mit Wahnvorstellungen, Halluzinationen, Depressionen und Ängsten. Seine Behandlung ist weitgehend medikamentös. Hinzu kommen das psychiatrische Gespräch und in den verschiedenen Fällen das autogene Training.

Der Psychotherapeut:

Der Psychotherapeut ist spezialisiert auf Störungen, die seelische Ursachen haben. Diese Störungen beruhen zumeist auf unbewussten Konflikten und Erlebnissen. Wichtig erscheint, dass mögliche organische Ursachen oder Symptome vor der psychotherapeutischen Behandlung abgeklärt werden. Der Psychotherapeut ist in der Regel Diplom-Psychologe mit zusätzlicher Ausbildung oder Arzt und Psychiater. Zu ihm kommen Patienten mit psychischen und psychosomatischen Störungen. Psychische Störungen sind Ängste, Depressionen, Zwänge, Verhaltensauffälligkeiten, Kontaktstörungen, Sexualstörungen, Hemmungen usw. Psychosomatische Störungen, also körperlich-seelische Störungen, äußern sich in Schlafstörungen, Spannungszuständen, Magenbeschwerden, Herz- und Kreislaufbeschwerden, Asthma, Kopfschmerzen, rheumatische Beschwerden, gynäkologische Beschwerden, Allergien, Verdauungsstörungen usw. Die Methoden der Psychotherapie bestehen zumeist darin, unbewusste Konflikte aufzudecken, wiederzubeleben und durchzuarbeiten oder mit Hilfe des Gesprächs Konfliktlösungen herbeizuführen.

Der Psychoanalytiker:

Innerhalb der Psychotherapie gibt es eine Anzahl von verschiedenen Methoden: Die Psychoanalyse nach S. Freud; die Tiefenpsychologie nach C.G. Jung; die Individualpsychologie nach A. Adler; die Logotherapie nach V. Frankl usw. Der Psychoanalytiker ist ein Psychotherapeut, der sich auf die Psychoanalyse nach S. Freud spezialisiert hat. In einer besonderen Ausbildung werden Kontroll- und Lehranalysen durchgeführt. Dadurch wird der Psychoanalytiker in den Stand versetzt, auch die Prozesse, die zwischen ihm und dem Patienten ablaufen, zu kontrollieren. Er stellt das Unbewusste in den Mittelpunkt und betont die Bedeutung frühkindlicher Erlebnisse und der Sexualität. Seine Methode beruht auf freier Assoziation und Deutungen der meist spontanen Äußerungen des Patienten. Die Dauer der psychoanalytischen Therapie beträgt durchschnittlich zwischen einem und vier Jahren.

Der Diplom-Psychologe:

Der Diplom-Psychologe hat die Wissenschaft des Erlebens und Verhaltens des Menschen unter besonderer Berücksichtigung der *„normalen"* psychischen Entwicklung studiert. Zudem kennt er die wesentlichen Störungen im seelischen Bereich und ist Test-Spezialist. Seine Testuntersuchungen geben weitgehend objektiven Aufschluss über die Persönlichkeitsstruktur eines Menschen, bestimmte Fähigkeiten, Leistungen und Störungen. Manche Psychologen sind als klinische Psychologen ausgebildet, sie führen zumeist im Rahmen einer Krankenanstalt Psychotherapie oder testdiagnostische Untersuchungen durch oder sind privat niedergelassen. Die Tätigkeit des Diplom-Psychologen reicht von der Arbeits-, Betriebs-, und Unternehmenspsychologie über die Verkehrs- und Rechtspsychologie bis hin zur klinischen Psychologie. Ein Spezialgebiet ist auch die Kriminalpsychologie. Eine enge Zusammenarbeit zwischen Diplom-Psychologe und Arzt erscheint gerade hinsichtlich der Psychotherapie empfehlenswert.

Der Kinder- und Jugendlichentherapeut:

Der Kinder- und Jugendlichentherapeut hat eine Spezialausbildung in der Behandlung von Kindern und Jugendlichen. Sein psychotherapeutisches Konzept ist verhaltens-, tiefen- und psychoanalytisch orientiert. Im Vordergrund stehen spieltherapeutische Behandlungsformen, zu denen gelegentlich Deutungen des Verhaltens der Kinder hinzukommen. Weiterhin werden gesprächstherapeutische Verfahren verwendet. Auch hier ist eine enge Zusammenarbeit mit dem Facharzt wünschenswert, sowie mit den Eltern oder Bezugspersonen und Lehrern.

Der Verhaltenstherapeut:

Er ist in der Regel entweder Diplom-Psychologe oder Mediziner und versucht nach den Prinzipien der Lerntheorie, Verhaltensstörungen zu behandeln. Für ihn steht das Symptom im Vordergrund, das als eigentliche Störung gilt. Ein Patient, der unter Ängsten leidet, wird systematisch auf diese Ängste hin behandelt. Die Frage nach der Entstehung dieser Ängste ist demgegenüber sekundär. Der Verhaltenstherapeut geht davon aus, dass die von ihm behandelten Störungen, Verhaltensauffälligkeiten, Ängste, Stottern, Bettnässen, Tics usw. nach bestimmten Regelhaftigkeiten gelernt und entsprechend durch Anwendung der Lerntheorien therapiert werden können.

Die Hypnose und Hypnotherapie:

Hypnose ist ein Entspannungsverfahren, das sehr viel damit zu tun hat, sich zu konzentrieren, in Bildern zu denken und die Aufmerksamkeit stark auf und in den eigenen Körper zu lenken. Hypnotherapie unterstützt und fördert sehr erfolgreich die natürlichen Kräfte sowie persönliche Stärken und Ressourcen eines Menschen.
Mittels Hypnose wird ein veränderter Bewusstseinszustand (die sog. hypnotische Trance) erzielt, der von z. T. tiefgreifenden physiologischen und psychischen Veränderungen begleitet ist. Das therapeutische Potenzial dieses Zustandes wird u. a. durch die Möglichkeit verdeutlicht, akute Schmerzen zu unterbinden, so dass ein operativer Eingriff oder Zahnextraktionen ohne Anästhetikum möglich sind.
Hypnotherapie ist eine wirksame Therapieform, die sich bei der Behandlung verschiedenster Störungsbilder bewährt hat, was durch zahlreiche wissenschaftliche Untersuchungen bestätigt wird. Seit 2006 ist Hypnotherapie in Deutschland offiziell als eine wissenschaftlich fundierte psychotherapeutische Methode anerkannt.
Die moderne Hypnotherapie gilt als ein ressourcenorientiertes psychotherapeutisches Verfahren. Dabei wird das im Patienten vorhandene Reservoir an positiven Erfahrungsmöglichkeiten, latenten Bewältigungsstrategien und eigenen Stärken mit hypnotischen Techniken aktiviert und zur Bewältigung körperlicher/psychischer Probleme genutzt. Die therapeutische Nutzung positiver Lebenserfahrungen des Patienten wird auch mit Bezug auf den bekannten amerikanischen Hypnotherapeuten Milton Erickson als *„Utilisation (Nutzung) von Ressourcen"* bezeichnet. Hypnose kann eigenständig oder in Kombination mit anderen Verfahren (wie Verhaltenstherapie oder tiefenpsychologischen Verfahren) eingesetzt werden (vgl. Deutsche Gesellschaft für Hypnose und Hypnotherapie, www.dgh-hypnose.de).

Psychotherapie ist:

- eine Heilkunde, die ohne Einsatz von Medikamenten auf die Behandlung seelischer und psychosomatischer Krankheiten, Leidenszustände oder Verhaltensstörungen ausgerichtet ist;
- eine systematische Behandlungsmethode, ähnlicher Krankheitsbilder nach vorheriger Diagnose; die Diagnosestellung erfolgt auf der Grundlage von Diagnosestandards und Klassifikationssystemen, dem sog. ICD-10 (Internationale Klassifikation der Krankheiten 10. Revision) und/oder dem DSM-IV (Diagnostic and Statistical Manual of Mental Disorders/Diagnostisches und Statistisches Handbuch Psychischer Störungen 4. Auflage); in aller Regel werden zu Beginn einer Therapie sogenannte probatorische Sitzungen vereinbart; dabei geht es darum, dass sich Therapeut und Patient über einen Zeitraum von fünf Sitzungen kennen lernen, eine Arbeitsbeziehung aufgebaut und eine Diagnose gestellt wird, Vereinbarungen über Behandlungsziele getroffen und Behandlungspläne erstellt werden;
- ein ressourcen- und entwicklungsorientiertes Verfahren zur Persönlichkeitsentwicklung und Gesundheitsförderung.

Woran erkenne ich, dass eine Therapie erfolgreich / beendet ist?

- die Symptome verändern sich, klingen ab und verschwinden ganz mit der Zeit;
- wenn ich persönlich das Gefühl habe: *„Es geht mir wieder besser"*.

Praktischer Tipp:

Wenn nach 12 Wochen die beobachtbaren und ungewöhnlichen Symptome nach einem belastenden Ereignis nicht deutlich zurückgegangen sind, Sie abends mit dem Gedanken an dieses Ereignis schlafen gehen und morgens mit dem Gedanken daran wieder aufwachen und/oder Sie in Ihrem beruflichen und privaten Lebensraum durch diese Symptomatik erheblich beeinträchtigt werden, könnte es sehr hilfreich sein, wenn Sie sich von einem psychotraumatologisch weitergebildeten Psychologen/Arzt beraten lassen.

"Eine tragfähige Beziehung und empathisches Verständnis für erlebtes Leid, konkrete Hilfe in Problemlagen, Einsicht in die gesellschaftlichen Bedingungsgefüge der Biografie, des aktualen Lebens und der Zukunftsentwürfe, Bewusstheit für den eigenen Leib, sowie Räume für emotionalen Ausdruck und soziales Miteinander, das ist es, was unsere Patienten brauchen, um gesund zu werden, was Menschen brauchen, um gesund zu bleiben und was Psychotherapie bereitstellen muss, um wirksam zu sein". Hilarion Petzold

Bei Chronifizierung bleiben die Symptome über den Verarbeitungszeitraum von 12 Wochen hinaus bestehen oder sie können sich sogar *„ausweiten"*. Zum Beispiel:
- **Ängste**, die unmittelbar nach dem traumatischen Ereignis aufgekommen sind und die sich zuerst auf spezifische Situationen, Orte oder Personen beziehen, die mit dem Ereignis offensichtlich in Verbindung stehen (Banken; Personen mit Motorradhelmen; Feldwege/Straßen, die dem Tatort oder Unfallort ähnlich sehen etc.) können sich ausweiten, zum Beispiel in der Form, dass Ängste entstehen, öffentliche Plätze generell zu betreten, das Haus generell zu verlassen, allen fremden Männern zu misstrauen etc.

- **Stimmungsschwankungen**, die häufig unmittelbar nach einem traumatischen Ereignis entstehen, können sich ausweiten, so dass zum Beispiel zunehmend weniger Lebensfreude empfunden wird, dass zunehmend weniger *„kleine Dinge"* wie Essen, Ausflüge, sportliche Aktivitäten etc. genossen werden können, dass Sie zunehmend empfinden, schönen Dingen des Lebens gegenüber abgestumpft zu sein usw.

- **Zweifel** an sich selbst, an den eigenen Fähigkeiten und Fertigkeiten, können sich ausweiten, so dass Sie zum Beispiel zunehmend berufliche und private Herausforderungen und Belastungssituationen vermeiden, dass Sie zunehmend sich aus sozialen Gesellschaften zurückziehen, dass Sie sich zunehmend weniger zutrauen.

Chronifizierte psychotraumatisch bedingte Beschwerden stellen für die betroffenen Personen ein erhebliches Leidenspotenzial dar.
Bei anhaltenden Symptomen und Beschwerden sollte unbedingt professionelle Hilfe (medizinisch, therapeutisch) gesucht werden. Die Behandlungserfolge bei speziell traumatherapeutischer Behandlung sind hoch.

154
155

Anhang

Adressen

Bundespsychotherapeutenkammer (BPtK)
ist die Arbeitsgemeinschaft der Landeskammern der Psychologischen Psychotherapeutinnen und Psychotherapeuten und der Kinder- und Jugendlichenpsychotherapeutinnen
und der Kinder- und Jugendlichenpsychotherapeuten.
Die BPtK vertritt auf Bundesebene die Interessen von 34.000 Psychologischen Psychotherapeuten und Kinder- und Jugendlichenpsychotherapeuten.
www.bptk.de

DeGPT Deutschsprachige Gesellschaft für Psychotraumatologie
ist eine wissenschaftliche Fachgesellschaft, die ein Forum bildet für Ärzte, Psychologen und andere Berufsgruppen, die im Rahmen ihrer Tätigkeit mit Menschen mit
Traumafolgestörungen in Berührung kommen. Sie engagiert sich für die Forschung im
Bereich Psychotraumatologie, erarbeitet Empfehlungen zur Diagnostik und Therapie
von Traumafolgestörungen, koordiniert Aus-, Fort- und Weiterbildungen und fördert
Wissenschaftsprojekte.
http://www.degpt.de/

Deutsche Gesellschaft für Hypnose und Hypnotherapie e.V.
Fachverband für interdisziplinäre Ausbildung und Forschung
www.hypnose-dgh.de
E-Mail: DGH-Geschaeftsstelle@t-online.de

Deutsche Gesellschaft für Supervision e.V. (DGSv)
setzt sich für die Qualität von Supervision und Coaching ein
und fördert Konzeptentwicklung, Forschung und Praxis.
www.dgsv.de

Deutscher Kinderschutzbund Bundesverband e. V.
info@dksb.de
www.dksb.de

EMDRIA Deutschland e.V.
Fachverband für Anwender der psychotherapeutischen
Methode Eye Movement Desensitization and Reprocessing (EMDR),
hilft bei der Therapeutensuche
E-Mail: info@emdria.de
www.emdria.de

Psychotherapie-Informations-Dienst (PID)
hilft bei der Suche von geeigneten Psychotherapeutinnen und Psychotherapeuten
E-Mail: pid@dpa-bdp.de
http://www.psychotherapiesuche.de/

Rechtsanwalt Christian Dieckmann
Rechtsanwalt und Notar, Honoraranwalt der Verbraucherzentrale NRW
Spormeckerplatz 1b
44532 Lünen
Telefon: 02306-20330-0
E-Mail: info@kanzlei-ebd.de
http://www.kanzlei-ebd.de/

TERAPON Consulting GmbH
Wir machen gesund
www.TERAPON.de
Telefon: + 49 (201) 27 88-4 64
Mobil: + 49 (0)172 234 94 94
E-Mail: christian.luedke@terapon.de
Wilhelm-Beckmann-Straße 7, 45307 Essen

Weisser Ring
Gemeinnütziger Verein zur Unterstützung von Kriminalitätsopfern und zur
Verhütung von Straftaten e. V.
Bundesgeschäftsstelle:
Weberstraße 16
55130 Mainz
Telefon: 06131 – 8303-0
Fax: 06131 – 8303-45
E-Mail: info@weisser-ring.de
http://www.weisser-ring.de

Anstalt
Psychiatrie für misshandelte Kuscheltiere
http://www.parapluesch.de
Sehr schöner Onlineshop für Kuscheltiere
für die therapeutische Arbeit

Susi hilft heilen

Literatur

Benedikt XVI: Licht der Welt, Herder Verlag, 2010

Bongartz, W.: Hypnosetherapie, Hogrefe Verlag, Göttingen 2000

Brooks, R./Goldstein, S.: Das Resilienz-Buch, Klett-Cotta, Stuttgart 2007

Bundeszentrale für politische Bildung, bpb: Zivilcourage lernen. Analyse, Modelle, Arbeitshilfen, Baden-Württemberg aprinta, 2004

Canacakis, J.: Ich sehe deine Tränen: Lebendigkeit in der Trauer, Kreuz-Verlag, 2008

Canacakis, J.: Auf der Suche nach den Regenbogentränen, München, C. Bertelsmann Verlag 1994

Cislak, K.: Todesbilder in den Medien. Eine explorative Studie zu Angehörigen von Opfern einer Gewalttat. Bachelorarbeit Soziologie, Ludwig-Maximilian-Universität München, Institut für Soziologie, 11. Juli 2011

DSM-IV: Diagnostisches und Statistisches Manual Psychischer Störungen, Göttingen 1996

Duden: Das Herkunftswörterbuch, Etymologie der deutschen Sprache, Band 7, Mannheim: Duden 1989

Duden, Redewendungen, Dudenverlag, Mannheim, Leipzig, Wien, Zürich Band 11, Duden 1997

Faulstich, J.: Das heilende Bewusstsein, München: Knaur 2008

Gardner, H.: Abschied vom IQ. Die Rahmen-Theorie der vielfachen Intelligenzen, Stuttgart: Klett-Cotta 2005

Gause, G.: Die Eltern Uni, Piper Verlag, München 2008

Grawe, K.: Neuropsychotherapie, Göttingen: Hogrefe 2004

Hauck, F. / Schwinge, G.: Theologisches Fach- und Fremdwörterbuch, Kleine Vandenhoeck-Reihe, Göttingen 1982

Hesse, H.: Siddhartha, Suhrkamp Verlag, Berlin 1969

Hirschhausen, E. von.: Glück kommt selten allein, Reinbek bei Hamburg: Rowolth 2009

Hüther, G.: Was wir sind und was wir sein könnten, Frankfurt am Main 2011

Jönsson, B.: Zeit. Wie man ein verlorenes Gut zurückgewinnt, Köln: Kiepenheuer und Witsch 2000

Kelder, P.: Die fünf "Tibeter": Das alte Geheimnis aus den Hochtälern des Himalaya lässt Sie Berge versetzen, Scherz Verlag Frankfurt, 1999

Kelder, P.: Die fünf Tibeter, Wessobrunn: Knaur 1989

Kossak, H.Chr.: Hypnose. Lehrbuch für Psychotherapeuten und Ärzte, Beltz Verlag, Weinheim, Basel, 2004

Lüdke, Chr.: Zur Kritik von Erklärungsansätzen für Selbsttötungshandlungen, Lünen: Wuth 1992

Lüdke, Chr.: Wo ist das Paradies? Gedichte, Herdecke: Scheffler 1997

Lüdke, Chr./Clemens, K: Kein Trauma muss für immer sein, Bergisch Gladbach: Edition Humanistische Psychologie 2003

Lüdke, Chr./Clemens, K: Vernetzte Opferhilfe. Handbuch der Psychologischen Akutintervention, Bergisch Gladbach: Edition Humanistische Psychologie 2003

Lüdke, Chr./Becker, A.: Der kleine Samurai Mio Mio Mausebär. Gemeinsam stark gegen Kinderängste, 2 Bände, Heidelberg: Psychotherapeuten Verlag 2007

Lüdke, Chr./Becker A.: Der kleine Samurai Mio Mio Mausebär. Gemeinsam durch Enttäuschungen stark werden, 2 Bände, Heidelberg: Psychotherapeutenverlag 2008

Lüdke, Chr./Langkafel, P.: Breaking Bad News. Das Überbringen schlechter Nachrichten in der Medizin, Heidelberg, Economica Verlag 2008

Lütz, M.: Irre! Gütersloh: Gütersloher Verlagshaus 2009

Martens, E.: Vom Staunen oder die Rückkehr der Neugier, Leipzig: Reclam Verlag 2003

Mohn, L., von der Leyen, U. (Hrsg.): Familie gewinnt, Gütersloh: Bertelsmann Stiftung 2007

Musashi, M.: Buch der Fünf Ringe, Düsseldorf: Econ 1993

Pape; D.:, Schlank im Schlaf. Das Kochbuch. Gräfe und Unzer Verlag, München 2007

Pervin, L.A.: Persönlichkeitstheorien, München, Basel 1993

Peseschkian, N.: Der nackte Kaiser oder wie man die Seele der Kinder und Jugendlichen versteht und heilt, München: Pattloch 1997

Peseschkian, N.: Steter Tropfen höhlt den Stein. Mikrotraumen – das Drama der kleinen Verletzungen, München: Pattloch 2000

Peseschkian, N.: Psychosomatik und Positive Psychotherapie, Frankfurt am Main: Fischer 2002

Preußler, O.: Die Abenteuer des starken Wanja oder sieben Jahre auf dem Backofen, Thienemann Verlag, Stuttgart/Wien 2010

Riemann, F.: Grundformen der Angst. Eine tiefenpsychologische Studie, München/Basel: E. Reinhardt 2002

Robinson, D.J.: Disordered Personality, London, Ontario 1996

Schmid, G.B.: Selbstheilung durch Vorstellungskraft, Springer Verlag, Wien, new York, 2010

Schmitz u.a. (Hg.), Persönlichkeitsstörungen, Weinheim 1996

Schnabel, U.: *„Muße“* – Vom Glück des Nichtstuns, Karl Blessing Verlag, München 2010

Sewald, B.: *„Der Mensch wird am Du zum Ich“* – Martin Bubers Verständnis von Erziehung, Grin Verlag 2007

Spork, P.: Das Schlafbuch, Reinbek bei Hamburg: Rowolth 2007

Sprick, C.:, Hömma! Sprache im Ruhrgebiet, Straelen 1989

Trenkle, B.: Das Ha-Handbuch der Psychotherapie. Witze ganz im Ernst, Heidelberg: Carl-Auer 1995

Van den Brouck, J.: Handbuch für Kinder mit schwierigen Eltern, Stuttgart: Klett-Cotta 1982

Weltgesundheitsorganisation, Internationale Klassifikation psychischer Störungen ICD-10, Bern 1994

Über die Autoren

Christian Lüdke

Jahrgang 1960. Approbierter Kinder- und Jugendlichen Psychotherapeut, Verhaltenstherapie, Mitglied der Deutschen Gesellschaft für Hypnose und Hypnotherapie, Geschäftsführer der TERAPON Consulting GmbH (www. terapon.de) und Vorstand der muTiger Stiftung für mehr Zivilcourage (www.mutiger.de).

Studium der katholischen Theologie und Sport. Promotion zum Doktor der Philosophie in Erziehungswissenschaften, Soziologie und Sportmedizin. Langjähriger psychologischer Ausbilder von Spezialeinheiten der Polizei in NRW und Wissenschaftlicher Mitarbeiter der Universität zu Köln, Lehrstuhl für Klinische Psychologie und Psychotherapie. Seit 1997 Experte für die Betreuung von Gewalt- und Kriminalitätsopfern. Spezialisiert auf Gewaltvorbeugung und professionelles Gesundheitsmanagement für eine sichere Zukunft.

Autor von „Die Curry-Clique" und „Der kleine Samurai Mio Mio Mausebär. Gemeinsam stark gegen Kinderängste" sowie des Fachbuchs „Breaking Bad News. Das Überbringen schlechter Nachrichten in der Medizin".

Glücklich verheiratet seit 1997. Lebt mit Frau und zwei Töchtern in Lünen und Köln. Familienmensch und Sportler.

www.christianluedke.de

Andreas Becker

Jahrgang 1956. Mediengestalter, Illustrator und Freistil-Künstler. Seit 1998 freiberuflich tätig. Viele gemeinsame Projekte mit Dr. Christian Lüdke (neun Bücher, muTiger-Kampagne u.v.m.) Art-Direktor der Gedönsmanufactur. Kurator bei „Art aber fair". Mitbegründer der neokompressionistischen Kunstbewegung. Großer Fan von Georg Baselitz. Preisträger – „Spitzbube des Jahres 2007";
www.creative-vision.de

DANKE

So ein Buch ist ein ganz schöner Kraftakt. Harry Belafonte hat 30 Jahre gebraucht, um über Nacht berühmt zu werden. Ich habe 51 Jahre gebraucht, um über Nacht ein guter Schüler zu werden! Vielleicht werde ich eines Tages ja auch noch so eine Art Wundergreis. Wunderkinder gibt es schon genug. Ich danke allen meinen Patienten für vertrauensvolle Gespräche, ohne die ich nichts zu erzählen hätte. Und Euch, meinen lieben Freunden: Danke. Kerl inne Kiste, was seid Ihr für töffte Kumpels!

> *„Wenn wir bedenken, dass wir alle verrückt sind,*
> *ist das Leben erklärt".*
>
> Mark Twain

Der Autor mit seinem alten Englischlehrer Dr. Willi Nesswetha:
„Lüdke, ich erinnere mich an Dich, Du warst doch dieser kleine unruhige Junge, ne"?!
Foto privat, im alten Klassenzimmer des St. Christophorus Gymnasium Werne,
Schulfest am 16.07.2011

Making-of

Sie glauben, ein Buch zu produzieren, ist nicht besonders schwierig? Sie glauben, es dient nur dazu, Autoren reich zu machen? Sie haben natürlich recht!
Wir möchten aber trotzdem einen schönen Mythos aufrecht erhalten:
Es gibt nichts Komplizierteres, als Texte zu schreiben, sie in eine ansprechende Form zu bringen und sie permanent auf ihren Wahrheitsgehalt zu überprüfen.
Als Beweis dafür sollen ein paar Momentaufnahmen dienen, die während der Erstellung dieses Buches entstanden.

Der Psychobummel
im Psycho-Dschungel
Chiang-Mai,
Dschungel-Tour, Thailand

Selbstversuch von Christian Lüdke im Tiger Temple Kanchanaburi, Thailand:
„Fliehe, kämpfe oder erstarre!"
Anschmusung von hinten –
eine echte Alternative?

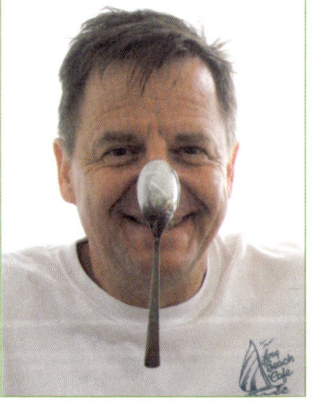

Praxistest zum Kapitel: Selbsthypnose
hier die Trance-Induktion
„Löffelweise meine Kraft"

Wir haben auch sogenannte „Krisenhilfsmittel" getestet, die vielfach auf dem Markt angeboten werden, hier stellvertretend drei Beispiele:

Gegen Orientierungslosigkeit keine echte Hilfe. Die Orientierungspunkte beruhigen zwar, bieten aber keine wirkliche Perspektive.

Das „Buddha Brot" soll körperliche, geistige und seelische Nahrung bieten. Außer einem Sättigungsgefühl konnte keine andere Wirkung nachgewiesen werden.

Als Prävention gegen Burnout ist die „Kappe Diem" ungeeignet. Es fehlt an allgemeiner Akzeptanz.

Und zum Schluss waren alle glücklich und zufrieden.

Andreas Becker nach der letzten (3053.) Korrektur

166

167

Im Zeitalter der digitalen Medien und Kommunikation sind Bücher mehr denn je ein Bekenntnis zum gedruckten Wort. Bei allen Vorteilen, die das Internet bietet, sollte man doch immer an den medizinischen Grundsatz denken, dass alles was wirkt, auch Nebenwirkungen hat. So findet man in Büchern 90 % Seriöses und 10 % Unsinn – im Internet ist es umgekehrt!

Der größte Vorteil eines Buches gegenüber dem Internet ist und bleibt, dass Sie in einem Buch niemals folgende Fehlermeldungen lesen werden:

Seite kann nicht angezeigt werden!
Seite konnte nicht authentifiziert werden!
Seite kann nicht geöffnet werden!